स्वयंसिद्ध

शरद पवार पर केन्द्रित

स्वयंसिद्ध

शरद पवार पर केन्द्रित

देवी प्रसाद त्रिपाठी

वाणी प्रकाशन

वाणी प्रकाशन
4695, 21-ए, दरियागंज, नयी दिल्ली 110 002
शाखा
अशोक राजपथ, पटना 800 004
फ़ोन : +91 11 23273167 फ़ैक्स : +91 11 23275710
www.vaniprakashan.in
vaniprakashan@gmail.com
sales@vaniprakashan.in

SWYAMSIDDH
SHARAD PAWAR PAR KENDRIT
by Devi Prasad Tripathi

ISBN : 978-93-5229-685-9
Biography

प्रथम संस्करण
मूल्य : ₹495

सिटी प्रेस, दिल्ली-110 095 में मुद्रित

वाणी प्रकाशन का लोगो मक़बूल फ़िदा हुसेन की कूची से

स्वर्गीय सुरेश नेवटिया की
स्मृति को

अभिमत

राजनीतिक जीवन में एक लम्बे सफर के बावजूद मैंने किसी राजनेता का जीवनवृत्त नहीं लिखा। मुझे याद आता है कि ज्योति बसु और राजीव गाँधी पर अलग-अलग समय दो छोटे लेख लिखे थे। 2009 के चुनाव में एम.जे. अकबर ने अपनी पत्रिका कोवर्ट (Covert) के लिए शरद पवार की विभिन्न योग्यताओं और राजनीतिक कौशल पर एक आलेख लिखवा ही लिया। उसे पढ़कर मेरे मित्र स्वर्गीय सुरेश नेवटिया जी ने मुझसे पवार साहब पर एक पुस्तक लिखने को कहा। सुरेश जी की प्रेरणा से यह पुस्तक आरम्भ हुई और आप सभी को इसे प्रस्तुत करते हुए मुझे बड़ी प्रसन्नता हो रही है।

शरद पवार के मानवीय पक्षों को रेखांकित करते हुए मुझे यह बार-बार महसूस हुआ कि अच्छा मनुष्य ही अच्छा राजनेता हो सकता है। जो सर्वजन की जरूरतों और प्रगति के लिए नीतियाँ बनाता और लागू करता है वही इतिहास बनाता है और सार्वजनिक जीवन को अलंकृत करता है। अपनी आत्मगाथा में शरद पवार ने एक अध्याय अपने ड्राइवर 'गामा' पर लिखा है। इसे पढ़ने पर पता लग जाएगा कि इन्सान के मर्मस्पर्शी स्वभाव को पवार साहब कितनी बारीकी से समझते हैं।

राजनीति में युवाओं और वंचित वर्ग के लोगों को निरन्तर प्रोत्साहित करते हुए शरद पवार ने महाराष्ट्र और देश के अन्य हिस्सों में नेताओं की एक बड़ी फ़ौज खड़ी की। 2007 से ही वे अपने पार्टी के वरिष्ठ सहयोगियों से खुद चुनाव लड़ने से मना करने लगे। 2009 में बहुत समझाने-बुझाने के बाद चुनाव तो लड़े लेकिन लोकसभा का क्षेत्र बदल दिया। पूरी राष्ट्रवादी कांग्रेस पार्टी को पता था कि वे 2014 का लोकसभा चुनाव नहीं लड़ेंगे इसलिए सभी वरिष्ठ सहयोगियों ने उनसे बार-बार आग्रह किया और उन्होंने 2014 में राज्यसभा सदस्य बनना स्वीकार कर लिया। इस वर्ष वे अपने संसदीय जीवन के अनवरत पचास वर्ष पूरे कर रहे हैं।

न्यूयार्क में कोलम्बिया विश्वविद्यालय में दक्षिण एशिया का अध्ययन कर रहे

छात्रों के बीच एक व्याख्यान के बाद एक छात्र ने मुझसे शरद पवार के राजनीतिक जीवन को एक वाक्य में वर्णित करने को कहा। मेरा उत्तर था–'शरद पवार हमेशा भूमि पर रहते हैं, पृष्ठभूमि में नहीं' (Sharad Pawar is always on the ground, never in the background)।

देवी प्रसाद त्रिपाठी
सांसद, राज्यसभा
महासचिव और मुख्य प्रवक्ता, राष्ट्रवादी कांग्रेस पार्टी

अनुक्रम

महाराष्ट्र की विरासत

राजनीति और समाजशास्त्र साक्षी है कि किसी भी महान् व्यक्ति का विराट तत्त्व कई प्रकार के प्रभावों से निर्मित होता है। ऐसा व्यक्तित्व अनुभव का धूप-ताप झेलकर, जितना स्थानीय होता है उतना ही राष्ट्रीय; जितना देशभक्त होता है उतना ही वैश्विक और जितना यथार्थवादी होता है उतना ही आदर्शवादी। इतिहास उसे अपनी युग-निर्णायक भूमिका अदा करने का अवसर देता है। ऐसी स्थिति में ही देश और समाज अपने बृहत्तर लक्ष्य की ओर ऊर्ध्वगामी होते हैं। भारतवर्ष की यह विशिष्टता है कि इस धरती में, हज़ारों वर्ष से अपने युगनायक विकसित करने की अद्‌भुत शक्ति रही है। यह ज़रा भी आकस्मिक नहीं है कि महात्मा बुद्ध से लेकर महात्मा गाँधी तक और छत्रपति शिवाजी से लेकर पण्डित जवाहरलाल नेहरू तक के विराट व्यक्तित्व इसी माटी में जन्मे। समाज में जिस भी दिशा में विकास की गति अवरुद्ध दिखी, उस रुकावट को दूर करने के लिए युगनायक ने साकार रूप लेकर प्रगति का पथ प्रशस्त किया।

सन्त ज्ञानेश्वर ने 15 वर्ष की कच्ची उम्र में भगवद्‌गीता पर अपनी व्याख्या 'ज्ञानेश्वरी' लिखी जिसका पुनर्लेखन 1584 में एकनाथ ने किया। भारतीय जनमानस पर 'ज्ञानेश्वरी' का व्यापक प्रभाव पड़ा। इसमें सबसे विशेष तथ्य यह था कि सन्त कवि ने अपने भक्तों से जाति, धर्म, वर्ग के भेदभाव मिटाने के लिए अपील की थी। सैकड़ों वर्ष बाद डॉ. भीमराव अम्बेडकर ने भी यही बात 1936 के लाहौर जातपाँत तोड़क मण्डल के वार्षिक सम्मेलन में दोहरायी जब उन्होंने कहा, 'जब तक आप अपनी सामाजिक व्यवस्था नहीं बदलेंगे तब तक कोई प्रगति नहीं होगी। आप समाज को रक्षा या अपराध के लिए प्रेरित कर सकते हैं। लेकिन जाति-व्यवस्था की नींव पर आप कोई निर्माण नहीं कर सकते : आप राष्ट्र का निर्माण नहीं कर सकते, आप नैतिकता का निर्माण नहीं कर सकते। जाति-व्यवस्था की नींव पर आप कोई भी निर्माण करेंगे, वह चटक जायेगा और कभी भी पूरा नहीं होगा।' अम्बेडकर में एक सन्त की सादगी और एक विद्वान

की बौद्धिक गरिमा थी। इसलिए उनके निधन पर पं. जवाहरलाल नेहरू ने कहा था, 'बाबासाहेब डॉ. अम्बेडकर हिन्दू समाज की तमाम दमनकारी व्यवस्था के विरुद्ध विद्रोह के प्रतीक थे।'

ज्ञानेश्वर से लेकर श्रीधर तक और महात्मा फुले से डॉ. अम्बेडकर तक महाराष्ट्र के सन्तकवि और समाज सुधारक अपने विचार और व्याख्यानों, प्रवचन और अभंगों द्वारा समाज में समता-ममता का सार्वभौमिक पाठ पढ़ाते रहे। यही काम महाराष्ट्र के समाज सुधारक, विचारक और शिक्षाशास्त्री करते रहे।

जब शेष भारत गुलामी और सामाजिक रूढ़ियों की जकड़बन्दी झेल रहा था, महाराष्ट्र के शहर, गाँव, कस्बे तक में स्वाधीनता की चेतना और समाज सुधार की सुगबुगाहट आरम्भ हो गयी थी। यह महाराष्ट्र का ही बूता था कि यहाँ से प्रमुख और प्रगतिशील सोच के इतने समाज सुधारक निकले जिन्होंने समाज के निम्नतम वर्ग तक क्रान्ति का सन्देश पहुँचाया और आम आदमी को निर्भय बनाने में योगदान दिया। महात्मा ज्योतिबा फुले, सावित्री बाई फुले, गोपाल गणेश आगरकर, छत्रपति शाहूजी महाराज, विट्ठल रामजी शिंदे और बाबासाहब भीमराव अम्बेडकर ने अपने क्रान्तिकारी क़दमों से समूचे भारत में समाजसुधार के नये प्रतिमान कायम कर दिये। इनके सामाजिक कार्य से भारत की आज़ादी के आन्दोलन की एक सुदृढ़ पीठिका बनी। इन सभी नेताओं की कर्मभूमि मुख्यतः महाराष्ट्र थी। इन सबने अपना अग्रगामी कार्यक्रम गाँवों से शुरू किया। स्त्री, दलित वर्ग और पिछड़ों को समाज में न्याय एवं सम्मान दिलाने के लिए इन्होंने अथक परिश्रम किया। बहुत बार इनके क्रान्ति-पथ में बाधायें आयीं पर ये अपने सिद्धान्तों पर अडिग रहे।

महात्मा फुले ने लड़कियों के लिए पहली पाठशाला सन् 1848 में पुणे में खोली। यह भारतवर्ष की पहली कन्या पाठशाला थी। इस पाठशाला में दलित जाति की लड़कियों को भी दाखिला दिया गया। इस बात पर उस समय का तथाकथित सभ्य समाज बड़ा कुपित हुआ और उसने ज्योतिबा फुले और उनकी पत्नी को बिरादरी से बाहर कर डाला। फुले चाहते थे कि शिक्षा के क्षेत्र से उच्च जातियों का वर्चस्व समाप्त हो। उन्होंने 1873 में सत्यशोधक समाज की स्थापना की ताकि वे दलित और पिछड़ी जातियों को सामाजिक न्याय दिला सकें। फुले ने अनाथ बच्चों के लिए सबसे पहला अनाथालय भी बनवाया।

महात्मा फुले ने ब्रह्म समाज, प्रार्थना समाज, वेद और वर्ण-भेद की खुलकर आलोचना की। यही काम कोल्हापुर के शाहूजी महाराज ने किया। इन दोनों के

निर्भीक कार्य से ब्राह्मणवादी सोच और वर्चस्व के खूँटे हिल गये। ये जननायक समाज के सबसे उपेक्षित वर्गों के उद्धार और उत्थान का संकल्प लेकर चले। इन्हें सम्पूर्ण सफलता तो नहीं मिली किन्तु इनके प्रयासों से समाज में खलबली ज़रूर मची। महात्मा फुले ने लोगों को समझाया कि दास प्रथा जैसा कोई बन्धन ईश्वर ने नहीं बनाया, उच्च जातियों ने अपनी स्वार्थ सिद्धि के लिए ऐसे नियम प्रचारित कर दिये हैं जिससे कुछ लोग हमेशा समाज के निम्नतम स्तर पर रहें। महात्मा फुले का समाज-सुधार आन्दोलन महाराष्ट्र के गाँव-गाँव तक पहुँच गया। उन्होंने लोगों को शिक्षा की आवश्यकता समझाई। फलस्वरूप महाराष्ट्र के गाँवों में साक्षरता, शिक्षा और स्वाधीनता की चेतना एक साथ नज़र आने लगी। लोगों में सहकारिता की भावना भी विकसित होने लगी, वे संगठन की शक्ति पहचानने लगे। शोलापुर, सतारा जैसे कस्बों में सवर्ण-असवर्ण संघर्ष हुए जिनमें ब्राह्मण व अन्य उच्च वर्गीय सभासदों को पराजय का मुख देखना पड़ा। ज्योतिबा फुले के सत्यशोधक समाज आन्दोलन को छत्रपति शाहूजी महाराज जैसा समर्थक मिला जिसने दलितोत्थान को अपने जीवन का आदर्श ही बना लिया। वे कोल्हापुर के राजा थे। उन्होंने पिछड़ी एवं दलित जातियों में शिक्षा को बढ़ावा देने के विचार से नौकरियों में इन वर्गों के लिए पचास प्रतिशत आरक्षण घोषित कर दिया। कई जाति व जनजातियों को अपराधी वर्ग में संगठित किया जाता था। ये जातियाँ न कहीं नौकरी पा सकती थीं और न कोई धन्धा अपना सकती थीं। शाहूजी ने इन्हें अपराधी संवर्ग से विमुक्त घोषित किया। इसके अलावा शाहूजी ने आदेश किया कि दलित रोगियों को भी चिकित्सा का समान अधिकार मिलना चाहिए। इस आदेश के अनुसार अगर कोई डॉक्टर किसी दलित रोगी की चिकित्सा से इनकार करता तो चाहे वह कितना भी वरिष्ठ और योग्य क्यों न हो, उसे अपनी नौकरी से हाथ धोना पड़ता।

महादेव गोविन्द रानाडे ने महाराष्ट्र में सबसे पहला विधवा-विवाह आयोजन करवाकर उस समय की क्रान्तिकारिता में एक और मील का पत्थर जोड़ा। उन्होंने विधवा-विवाह को प्रोत्साहन देने के लिए एक संस्था का गठन किया। उस समय लड़के-लड़कियों का विवाह कम उम्र में हो जाया करता था। बीमारी, दुर्घटना या अन्य किसी व्याधि से यदि वर की अकाल-मृत्यु हो जाय तो वधू को तमाम उम्र बाल विधवा के रूप में जीवन बिताना पड़ता। न केवल बिरादरी की, बल्कि समाज की भी वह ग़ैरज़रूरी सदस्य समझी जाती। स्त्रियों के पुनर्वास में विधवा-विवाह को सामाजिक स्वीकृति मिल पाना आसान नहीं था पर रानाडे और गोपालकृष्ण

गोखले के संयुक्त प्रयास अन्ततः सार्थक सिद्ध हुए।

डॉ. भीमराव अम्बेडकर ने लगभग तीस साल बाद क्रान्ति की मशाल वहीं से उठायी जहाँ महात्मा फुले और शाहूजी महाराज ने छोड़ी थी। उन्होंने ग़ौर किया कि भारतवर्ष के लिए राजनीतिक लोकतन्त्र से ज़्यादा ज़रूरी है सामाजिक लोकतन्त्र और सम्पूर्ण साक्षरता। पहली बार उन्होंने दलित वर्ग में राजनीतिक अधिकारों के प्रति चेतना जगाई। उनकी प्रेरणा का स्रोत महात्मा फुले रहे।

आगे आने वाली पीढ़ियों में डॉ. अम्बेडकर के आदर्शों को अमली जामा जिन विचारकों, समाज सुधारकों ने पहनाया उनमें शरद पवार का नाम सबसे प्रमुखता से लिया जा सकता है। शरद हमेशा से सर्वहारा और आम आदमी के प्रवक्ता तो थे ही, डॉ. अम्बेडकर के जीवन-दर्शन से प्रेरित होकर वे भारत के लुटे-पिटे, दबे-कुचले, दलित और दमित वर्ग के समर्पित सेवक बन गये। उन्होंने अपने कार्यक्षेत्र बारामती में जो भी योजनाएँ बनायीं उनमें सबसे पहले यह देखा कि इसका लाभ इस क्षेत्र की सबसे पिछड़ी जनता तक पहुँचता है अथवा नहीं। उन्हें एहसास है कि हमारे समाज में ग़रीब, फटेहाल आदमी केवल सामाजिक रूप से ही नहीं वरन् आर्थिक रूप से भी शोषित है।

शरद पवार का मस्तिष्क एक बेचैन व्यक्ति की कार्यशाला है। उनके ज़ेहन में अपने देश की जनता के लिए अनगिनत रचनात्मक कार्यक्रम हैं। वे इस तथ्य के प्रति सजग हैं कि जनता के लिए सामाजिक और आर्थिक मुक्ति सर्वोपरि है। इसीलिए डॉ. अम्बेडकर का यह सूत्र-वाक्य वे याद करते रहते हैं : 'कुछ लोगों द्वारा दूसरों का शोषण इसलिए सम्भव हो पा रहा है कि उत्पादन के साधनों, भूमि तथा उद्योगों पर समाज का नियन्त्रण नहीं है। सामाजिक और आर्थिक मुक्ति के बिना जीवन और राजनीतिक स्वतन्त्रता का क़ानून एवं संविधान द्वारा संरक्षण बेमानी हो जाता है। लोग, जिनमें दलित शामिल हैं, केवल क़ानून और व्यवस्था पर जीवित नहीं रह सकते, उन्हें तो रोटी चाहिए। लोकतन्त्र की सफलता की पहली शर्त यही है कि समाज में घोर असमानताएँ न हों, वहाँ पर कोई भी शोषित वर्ग न हो।'

आरम्भ से ही राष्ट्रीय भावना, समाजवादी विचार और गाँधी-नेहरू के आदर्श शरद को कांग्रेस की ओर आकृष्ट करते रहे। गाँधी जी के आदर्शों से सतारा, सांगली, कोल्हापुर और पुणे में सर्वत्र जागृति और क्रान्ति आयी थी। कांग्रेस में तब प्रगतिशील विचारधारा के अग्रणी श्रीधर महादेव जोशी, नारायण गणेश गोरे, अच्युतराव पटवर्धन जैसे खरे युवक भी थे। डांगे, रणदिवे, दत्ता देशमुख,

एम. एन. रॉय जैसे साम्यवादी विचारक भी महाराष्ट्र में सक्रिय थे। बाद में उन्होंने अलग दल बना लिया। शंकरराव मोरे और केशवराव जेढे ने कांग्रेस छोड़ कर किसान मज़दूर पार्टी का गठन किया। यह मार्क्सवाद के सिद्धान्तों से प्रेरित पार्टी थी। वैसे महात्मा गाँधी का नेतृत्व सभी दलों को स्वीकार था क्योंकि इसमें जाति आधारित वर्चस्व नहीं था। पुणे में गाँधी जी के सविनय अवज्ञा आन्दोलन की बड़ी धूम थी। महाराष्ट्र के बहुत से शीर्ष नेता गाँधी जी से मिले और उनसे आन्दोलन जारी रखने का अनुरोध किया। महात्मा गाँधी चाहते थे कि राजनीतिक स्वाधीनता के साथ-साथ राष्ट्रीय जागरूकता का काम भी चलते रहना चाहिए। इसी उद्देश्य से उन्होंने स्वदेशी, स्वावलम्बन और शिक्षा जैसे विषयों पर ज़ोर दिया। भाऊराव पाटिल का 'रैयत शिक्षण संस्थान' उस समय महाराष्ट्र के अनेक नगरों, गाँवों में पाठशाला चलाता था। गाँधी जी ने रैयत शिक्षण संस्थान को तीन किस्तों में दान दिया ताकि शिक्षण का कार्य और भी फले-फूले। आज रैयत शिक्षण संस्थान के 600 से भी अधिक स्कूल-कॉलेज चलते हैं। ज्योतिबा फुले, शाहूजी महाराज, अम्बेडकर और गाँधी-नेहरू के प्रखर विचारों से प्रभासित शरद पवार का मन-मस्तिष्क लड़कपन में ही अपनी राह और मंज़िल, गति और गन्तव्य जान गया था।

शुरुआत के शरद

माता-पिता के सक्रिय सामाजिक और राजनीतिक जीवन के कारण शरद को लड़कपन में ही बड़े-बड़े राजनेताओं को देखने-सुनने का मौक़ा मिलता रहा। घर की हवा में राजनीतिक हलचलों की रवानी थी। किसान मज़दूर पार्टी के संस्थापक सदस्य गोविन्दराव पवार के यहाँ राष्ट्रीय स्तर के प्रगतिशील नेताओं से लेकर श्रमजीवी कार्यकर्ताओं तक का जमघट लगा रहता। शारदाबाई और बड़े भाई भी किमपा के सदस्य थे। सन् 1947-48 में महाराष्ट्र की राजनीति के दो-फाड़ होने पर इस पार्टी का गठन हुआ था। महाराष्ट्र के लोगों की विशेषता यह है कि वे संघर्ष के लिए हमेशा तैयार रहते हैं। वे अगर किसी राजनेता की प्रखरता, प्रतिभा और प्रगतिशीलता से प्रभावित हो जायें तो अपना तन-मन-धन उस पर न्योछावर कर दें। पर अगर कोई उनके स्वाभिमान को छेड़ दे तो उन जैसा विद्रोही भी कोई नहीं हो सकता। यह कहा जा सकता है कि इनमें एक तरफ़ एकता और संगठन शक्ति का अमृतकोष है तो दूसरी तरफ़ विरोध और विद्रोह की ज्वाला भी। तभी तो पचासा साल तक भारत की राजनीति सतारा और पुणे से संचालित रही। गोपाल कृष्ण गोखले, बाल गंगाधर तिलक, आगरकर की वैचारिक हलचल; वीर सावरकर की सशस्त्र क्रान्ति की अवधारणा; महात्मा ज्योतिबा फुले, छत्रपति शाहूजी महाराज और डॉ. अम्बेडकर का सामाजिक क्रान्ति का उद्घोष—सब पुणे में घटित हुआ। इन सभी घटनाओं का विवरण शरद ने आख्यान की तरह सुना और उनके संवेदनशील मन पर इनका गहरा प्रभाव पड़ा। शरद पुणे से ऐसे ही बँधे थे जैसे मूँगे से धागा। उनकी तरह बहुत से लड़के कांग्रेस की ओर खिंचे चले आये क्योंकि कांग्रेस ने उनके अन्दर भारतीय होने की राष्ट्रीय भावना, समाजवादी दृष्टिकोण और प्रगतिशील भविष्य की आस्था जगा दी थी। एक और कारण था जिसकी वजह से तरुण शरद कांग्रेस की ओर उन्मुख हुए। वह कारण था, महाराष्ट्र के युगान्तकारी राजनेता श्री यशवन्तराव चव्हाण से उनका परिचय। चव्हाण साहब ने एक बार शरद को छात्रों के बीच भाषण देते सुना था। शरद पुणे

के बी. एम. सी. कॉलेज में पढ़ते थे मगर उनका अधिकांश समय किताब-कॉपी की बजाय, छात्रों और साथियों के बीच बीतता। वे सभी छात्रों की समस्याओं पर विचार करते और उनका ठोस हल निकालने की दिशा में सक्रिय हो जाते। कॉलेज के वार्षिक खेल और छात्र संघ चुनाव में उनकी सक्रिय हिस्सेदारी थी।

एक बार उनके सहपाठियों के ऊपर प्रिंसिपल ने अर्थदंड लगा दिया। लड़के अर्थदंड देने की स्थिति में नहीं थे। शरद को जब इस समस्या की जानकारी हुई उन्होंने फटाफट एक नाटक तैयार किया 'शारदा', रातोंरात बैठकर उसकी रिहर्सल की और आयोजन कर डाला। छात्रों की भारी भीड़ टिकट खरीद कर नाटक देखने आयी। शरद ने इस नाटक से सत्रह हज़ार रुपये इकट्ठा कर दिये। इस धनराशि से उन्होंने सहपाठियों पर लगा अर्थदंड चुकाया। इस घटना से उनकी आयोजन-संयोजन क्षमता, संगठन-सामर्थ्य और कलागत रुझान का भरपूर परिचय मिला। श्री यशवन्तराव चव्हाण उस समय महाराष्ट्र के प्रखर और प्रतिभावान जननेता थे। वे दूर से इस तेजस्वी, तरुण छात्र की गतिविधियाँ देख कर इसे अपने दल में लेने का मन बना रहे थे। शरद अपने कॉलेज के जेनरल सेक्रेटरी पद का चुनाव 1958-62 के वर्षों में भारी मतों से जीत ही चुके थे। विद्यार्थियों में वे कितने लोकप्रिय थे इसका परिचय उनके मित्र यशवन्तराव चव्हाण प्रतिष्ठान, मुम्बई के कोषाध्यक्ष श्री कमलाकर म्हेत्रे से मिलता है। म्हेत्रे कहते हैं, 'हॉस्टल में पुणे में पवार साहब का और मेरा एक ही कमरा था। हम लोगों को फरग्यूसन कॉलेज का हॉस्टल मिला हुआ था। हम दोनों कॉमर्स के विद्यार्थी थे। मेरा जेबखर्च बीस-तीस रुपये होता था। कभी घर से पैसे आने में देर हो जाती तो मैं खाली हो जाता। मैं कुछ नहीं बोलता पर पता नहीं कैसे शरद जी ताड़ जाते। वे मुझे दो या पाँच का नोट देते और कहते, म्हेत्रे अभी अपना काम चलाओ, तुम्हारा पैसा आता ही होगा।'

कमलाकर म्हेत्रे की आँखों में स्मृतियों की धुन्ध तैर जाती है। आधी सदी का जो साथ रहा है। वे बताते हैं, 'एक बार शरद पवार हम चालीस लड़कों को काका साहब गाडगिल के घर पर खाने के लिए ले गये थे। काका साहब यानी एन. वी. गाडगिल उस वक़्त चंडीगढ़ के गवर्नर थे। पवार कभी क्लास में बैठते नहीं थे। उन्हें कहीं न कहीं जाने की जल्दी मची रहती।'

पिता गोविन्दराव पवार जब फुर्सत पाते, बच्चों को समझाते, 'तुम सब जी लगाकर पढ़ो। देखो दुनिया की हर चीज़ बाज़ार में मिलती है, बस पढ़ाई नहीं मिलती। वह ख़ुद करनी पड़ती है। पढ़ने-लिखने से समाज में इज़्ज़त मिलती है, बढ़िया नौकरी मिलती है।' इसके विपरीत माँ शारदा बाई कहतीं, 'तुम विज्ञान

पढ़ो, उच्च शिक्षा प्राप्त करो। शिक्षा से पूरे व्यक्तित्व का विकास होता है।'

शरद पढ़ते तो थे पर पाठ्यक्रम की पुस्तकों के अलावा तमाम तरह की पुस्तकें, ज्ञान-विज्ञान की, समाज विज्ञान, इतिहास, राजनीति की। पुणे में पीपल्स पब्लिशिंग हाउस की किताबों की दुकान पर वे अक्सर दिखाई देते। सबसे पहली पुस्तक जो उनके जीवन में प्रकाशस्तम्भ बन कर आयी, वह थी जवाहरलाल नेहरू की लिखी 'डिसकवरी ऑफ इंडिया' का मराठी अनुवाद। इस पुस्तक में व्यक्त नेहरू जी की विश्वचेतना, इतिहास की समझ और भारतीय संस्कृति और सभ्यता का अनुसन्धान तरुण शरद को आन्दोलित कर गया। फिर तो उन्होंने ढूँढ़ कर नेहरू जी की आत्मकथा भी पढ़ डाली। उन्हें आत्मकथा में अपने जननायक का असली स्वरूप देखने को मिला। नेहरू जी मानते थे कि सामाजिक स्वतन्त्रता आवश्यक है किन्तु वह सही दिशा की ओर बढ़ने की सीढ़ी मात्र है। राज्य और समाज की समाजवादी संरचना के बगैर न तो देश का विकास हो सकता है न व्यक्ति का।

गाँव के पुत्र होने के नाते शरद किसान और मज़दूर की ताकत पहचानते थे। उन्हें नेहरू जी का खुला आत्मस्वीकार अच्छा लगा कि उनके अन्दर किसान चेतना धीरे-धीरे पैदा हुई जब उन्होंने प्रतापगढ़, रायबरेली और फ़ैज़ाबाद के किसानों की समस्याओं को समझने का प्रयत्न किया। नेहरू जी ने लिखा, 'भारतीय किसानों में विरोध या विद्रोह के लिए सीमित शक्ति है। दुर्भिक्ष और महामारी ने बड़ी संख्या में उनका सफाया कर दिया है। फिर भी ताज्जुब की बात है कि किसानों ने अपनी जान की बाज़ी लगा कर सरकार और ज़मींदार के जुल्मों से लोहा लिया। सरकार की सख्ती ने किसान आन्दोलन को थोड़े समय के लिए शिथिल कर दिया पर मिटा नहीं सकी।' शरद चाहे शहर में पढ़ते थे, उनकी निगाह से किसान का संघर्ष कभी धूमिल नहीं हुआ।

एक समय ऐसा आया जब उनके परिवार के छह बच्चे पुणे में पढ़ने लगे। सबको हॉस्टल में रख कर पढ़ाना बहुत महँगा पड़ता। इसलिए पुणे में किराये पर कमरा लिया गया। सभी भाइयों का खाना काटेवाडी से बन कर आता। घर में माँ के हाथ का बना खाना, रोडवेज़ की बस में पुणे पहुँचते तक ठंडा तो ज़रूर हो जाता पर उसमें बसा स्वाद और स्नेह बच्चों तक पहुँच जाता। हर आठ-दस दिनों में शरद और उनके भाई-बहनों का एक चक्कर घर का लग जाता।

तभी काटेवाडी के किसानों ने अपनी एक मुश्किल शरद के सामने रखी। उन्होंने बताया कि वे इतनी मेहनत से खेत में सब्ज़ियाँ उगाते हैं पर गाँव की पेठ में इनका सही मोल नहीं मिलता। फिर इतनी तरकारी की गाँव में खपत भी नहीं है। काटेवाडी से बारामती तक हर घर में लोग अपनी ज़रूरत के हिसाब से

भाजी-पाला (हरी पत्तेदार तरकारी) उगा ही लेते हैं। ऐसे में वे क्या करें, कहाँ जायें।

शरद को एक उपाय सूझा। उनके पास अपनी बैलगाड़ी तो थी ही। उन्होंने तय किया कि वे सबकी हरी-ताज़ी तरकारी के साथ अपने खेत की भी सब्ज़ियाँ पुणे ले जाकर बेचेंगे। वहाँ ताज़ी सब्ज़ी-तरकारी का अच्छा पैसा मिल सकता था।

आस-पास के शेतकारी (किसान) बोले, 'हमारा भाजी-पाला यहीं खेत में पड़े-पड़े सड़ जाता है, लागत का पैसा भी नहीं निकलता।'

शरद बोले, 'मेरी बैलगाड़ी में रख दो, मैं पुणे में बेच आऊँगा।' फिर तो केवल काटेवाडी के ही नहीं, अगल-बगल के गाँवों के सब किसान अपना भाजी-पाला शरद की बैलगाड़ी में भेजने लगे। शरद ख़ुद गाड़ी चला कर ले जाते। साँझ ढले गाँव लौटते। किसान उन्हें चारों तरफ़ से घेर लेते। शरद सबको उनकी आमदनी का हिस्सा बाँट देते। धीरे-धीरे ऐसे तीस किसान इकट्ठे हो गये जिनकी सब्ज़ियाँ पुणे में बिकने को जातीं।

कभी भाजी-पाला ज़्यादा हुआ तो एक की जगह पाँच बैलगाड़ियाँ जोत ली जातीं। सुबह-सुबह बैलों के गले में घंटियों की टुनुर-टुनुर गाँववालों को सन्देशा दे देती कि शरद पुणे के लिए निकलने वाले हैं। वास्तव में सहकारिता आन्दोलन का बीज इसी प्रयास में छिपा हुआ था। 'सहकार' शब्द को शरद ने सरकार की ठंडी फ़ाइलों से निकाल एक नयी सजीव ऊष्मा दी और सहकारिता को सहयोग, सद्भाव और संवृद्धि के त्रिआयाम प्रदान किये।

शरद के गाँव के लोग सगर्व बताते हैं : 'जब शरद पवार 1967 में पहली बार एम. एल. ए. का चुनाव लड़े तो बताओ उन्हें किसने जिताया? बोलो, बोलो?' मुझे चुपचाप देखकर वे ख़ुद जवाब देते हैं, 'अरे इन्हीं सब्ज़ी-भाजी वालों ने। इनका सब वोट और किसी को नहीं मिला। एक-एक वोट शरद पवार की पेटी में गिरा।'

आज भी शरद के किसान-जीवन के सम्मान की प्रतीक बैलगाड़ी, चटक रंगों में रँगी, काटेवाडी के उद्यान में रखी मिलती है। इसी तरह एक सुन्दर ताँगा भी वहाँ खड़ा है।

ये कृषि और ग्राम्य जीवन के मात्र स्थूल प्रतीक नहीं हैं। ये दोनों गाड़ियाँ कृषिजगत की गति और संगति को मूर्तिमान करती हैं। आज भी शरद को अपने खेतिहर होने पर गर्व है।

1967 के चुनाव के समय शरद की आयु केवल सत्ताईस वर्ष थी। महज़ इक्कीस साल की उम्र में वे कांग्रेस में भी यशवन्तराव चव्हाण के कहने पर आये। 1960 में यशवन्तराव महाराष्ट्र राज्य के मुख्यमन्त्री बने। वैसे तो महाराष्ट्र में सर्वत्र PWP (Peasants and workers Party) का ही बोलबाला था पर चव्हाण के

मुख्यमन्त्री बनने से कांग्रेस को बल मिल गया। इसी उद्देश्य से कांग्रेस ने 1952 में चव्हाण को अपने दल में मिलाया भी था। उनके साथ महाराष्ट्र की युवा शक्ति का समर्थन था। यशवन्तराव चव्हाण ने एक नयी पीढ़ी तैयार की जिसमें शरद पवार जैसे परिश्रमी और पराक्रमी योद्धा थे। उन्होंने शरद के माता-पिता से उन्हें जैसे माँग लिया था। जब विधानसभा सीट के लिए उन्होंने बारामती चुनाव क्षेत्र से शरद पवार को कांग्रेस प्रत्याशी बनाने की मंशा ज़ाहिर की तो उनके समर्थकों को बड़ी बेचैनी हुई। अभी तक बारामती की सीट पर वहाँ के ज़मींदार बाबालाल काकड़े का कब्ज़ा था। शरद ने अपने क्षेत्र की युवा-शक्ति को साथ लेकर अनेक समाजवादी, राष्ट्रवादी कार्य किये थे। यशवन्तराव चव्हाण को इसकी जानकारी थी। वे शरद जैसा जाति-निरपेक्ष, साहसी और प्रगतिशील प्रत्याशी ही चाहते थे। उन्होंने कांग्रेस कमिटी की बैठक में कहा, 'अगर आप लोग पुराने प्रत्याशियों को ही टिकट देते रहे तो कांग्रेस में नया ख़ून आयेगा कहाँ से? शरद पवार को टिकट देने से हमारी पार्टी कितने युवकों को अपने से जोड़ लेगी, इस पर भी सोचिये।'

'यह कल का लड़का अगर हार गया तो?' किसी ने पूछा। चव्हाण ने कहा, 'चलो एक सीट कम हो जायेगी, और क्या! वैसे मैंने इस युवक को बोलते सुना है; देख लेना, यह कभी हारेगा नहीं।' उनके विश्वास का एक आधार था। कॉलेज छात्र संगठन के सेक्रेटरी के रूप में शरद पवार ने सन् 1958 से 1962 तक बहुत लोकप्रियता अर्जित कर ली थी। वे युवावर्ग के नायक थे। केवल अपने कॉलेज बी. एम. सी. सी. के ही नहीं, नगर के अन्य कॉलेजों के छात्र भी अपनी हर मुश्किल के लिए शरद के पास दौड़े आते। शरद बड़े धैर्य और प्रेम से उनकी मुश्किलें दूर करते और दिन पर दिन उनकी लोकप्रियता बढ़ती जाती। वे युवक कांग्रेस के भी नेता थे। उन्होंने कभी युवक कांग्रेस को हुड़दंग का मंच नहीं बनने दिया। वे हर समय सकारात्मक कार्य करते रहे।

चव्हाण की नज़र पारखी थी। वे जानते थे कि यह नौजवान जीवन में ज़रूर कुछ कर दिखायेगा। वे कई बार शरद को अपने संग दौरे पर भी ले गये थे।

कुछ समय पूर्व अन्तर्राष्ट्रीय युवक परिषद् में भाग लेने के लिए भारतीय नवयुवकों का एक शिष्टमण्डल ईजिप्ट गया था। उसमें यशवन्तराव चव्हाण ने शरद पवार को भेजने के लिए चुना।

उस वक़्त शरद की बी. कॉम. फाइनल की परीक्षा सिर पर थी। पिता ने कहा, 'क्या करोगे ईजिप्ट जा कर। वहाँ सिर्फ़ घूमोगे, फिरोगे, अपना समय नष्ट करोगे। बैठकर पढ़ो-लिखो, यह ज़रूरी है।'

लेकिन माँ शारदाबाई ने कहा, 'नहीं, शरद को ईजिप्ट ज़रूर जाना चाहिए।

लड़के को दुनिया देखने का मौक़ा मिल रहा है। परीक्षा तो यह बाद में भी दे सकता है।'

शरद ने माँ की बात मानना ही श्रेयस्कर समझा। उन्होंने ईजिप्ट की युवा परिषद् में ज़ोरदार व्याख्यान दिया। लौटते में वे ईरान, जर्मनी, फ्रांस, स्विटज़रलैंड आदि देशों में घूमे और इन देशों की सभ्यता व संस्कृति का अवलोकन किया। उन्हें इन जगहों की कृषि-पद्धति को देखने का मौक़ा मिला। उनके कई नये सम्पर्क भी बने। 1966 में वे यूनेस्को की शिक्षावृत्ति पर एक बार फिर विदेश गये। इन यात्राओं से शरद के व्यक्तित्व को एक विश्व-चेतना मिली।

एक वह दिन है और एक आज का दिन कि शरद पवार कभी अपने नेता को नहीं भूले। श्री यशवन्तराव चव्हाण के साथ शरद पवार का सादृश्य मात्र प्रेरक और प्रेरणा तक ही नहीं वरन् और गहरी जड़ों तक जाता है। दोनों महाराष्ट्र के ग्रामक्षेत्र से उठे राजनेता हैं। श्री चव्हाण सतारा ज़िला के देवराष्ट्र गाँव में पैदा हुए तो शरद बारामती तालुका के काटेवाडी ग्राम में। दोनों की पृष्ठभूमि खेती की रही। दोनों के मन में अपनी माँ के लिए अगाध श्रद्धा और आस्था बनी रही। श्री चव्हाण की तरह ही शरद पवार के मन-मस्तिष्क पर महात्मा फुले, शाहूजी महाराज और बी. आर. अम्बेडकर के आदर्शों का गहरा प्रभाव पड़ा। उन्हीं की तरह शरद पवार बड़े हलचल भरे समय में देश के प्रतिरक्षा मन्त्री बने। उन्हीं की तरह वे धर्मनिरपेक्ष, प्रगतिशील दलों के प्रिय नेता बने और ठीक उन्हीं की तरह तत्कालीन सत्तारूढ़ दल ने उनकी प्रियता, लोकप्रियता और प्रतिभा से घबराकर उन्हें जानबूझ कर किनारे पर बैठाया। पर सिंह की दहाड़, दहाड़ ही होती है चाहे वह जंगल से आये या जँगले से।

राजनीति का संसार कृतघ्नताओं से भरा संसार है। उसमें शरद पवार के हृदय और होठों पर यशवन्तराव चव्हाण का नाम इतने सम्मान और गर्व से आना एक विलक्षण विस्मय है। शरद पवार ने राजनीति को जो सभ्यता, सौम्यता, संस्कार और शिष्टाचार दिया है वह दुर्लभ धरोहर है। इसकी सुरक्षा यदि की जा सकी तो यह राजनीति का परिष्कार करेगी। शरद साफ़ शब्दों में कहते हैं, 'तीस साल पहले मैं राजनीति में यशवन्तराव चव्हाण की उँगली पकड़ कर आया था। उनके सान्निध्य में कुछ साल रहने के कारण, आर्थिक प्रश्नों की छानबीन कैसे की जाती है, सामाजिक प्रश्नों के सम्बन्ध में प्रतीति कैसी रखनी चाहिए, शैक्षणिक प्रश्नों में ध्यान कैसे लगाना चाहिए और सांस्कृतिक क्षेत्र के साथ सम्बन्ध कैसा रखना चाहिए, इस प्रकार की अनेक बातें मैंने उनसे आत्मसात की हैं। यशवन्तराव चव्हाण के कारण ही मैंने सक्रिय राजनीति में हिस्सा लिया। यशवन्तराव जी ने

ही मुझे पुरोगामी, सामाजिक, सांस्कृतिक एवं राजकीय विचारों का धन दिया।'

यह भी विचारणीय है कि समाज के विकासगत जो प्रश्न चव्हाण को आन्दोलित रखते थे, वही प्रश्न शरद पवार के मन-मस्तिष्क को बेचैन और सक्रिय रखते हैं। जैसे सहकारिता का प्रश्न। महाराष्ट्र में सहकारिता आन्दोलन के प्रणेता थे यशवन्तराव चव्हाण, बैकुंठ भाई मेहता और धनंजयराव गाडगिल। महाराष्ट्र में सहकारिता का मन्त्र गायत्री-मन्त्र से भी ज़्यादा प्रतिष्ठित हुआ। इस कार्यक्रम के अन्तर्गत चीनी मिलें, कपड़ा मिलें, डेयरी और कृषि-उद्योग आदि का विकास ग्राम स्तर पर हुआ। इन आन्दोलनों ने नगर और ग्राम के बीच एक सजीव, लाभदायी सम्बन्ध स्थापित किया। विद्वान विचारक नेता राममनोहर त्रिपाठी ने उचित ही कहा है कि 'सहकारिता के प्रारम्भ-बिन्दु थे यशवन्तराव चव्हाण, विकास-बिन्दु थे वसन्त दादा और इसी धरोहर को इक्कीसवीं सदी में खींच कर ले जा रहे हैं शरद पवार।'

यह कहा जा सकता है कि महाराष्ट्र के इतिहास में कुछ महत्त्वपूर्ण घटनाएँ शरद पवार ने सम्भव कीं जिन पर आगे विचार किया जायेगा। यह भी इतना ही सच है कि कुछ घटनाओं ने शरद पवार को सम्भव किया। यह उनके बारे में अन्तिम निष्कर्ष नहीं, पर एक उत्कर्ष-बिन्दु तो है ही। वे संयोगवश राजनीतिज्ञ नहीं बने। उनके गुण, जीवन-दर्शन, विश्वसनीयता, साहस, विवेक और प्रतिबद्धता ही उन्हें आज शरद पवार बनाते हैं।

वर्तमान में, अपने राष्ट्र को लेकर उनकी आँखों में एक विराट स्वप्न है। वे कहते हैं, 'इक्कीसवीं सदी में हमारे देश को यदि संसार का मार्गदर्शक अथवा संसार के आदर्श के रूप में मान्यता प्राप्त करनी है तो हमें देश में उपलब्ध प्राकृतिक, मानवीय, बौद्धिक, वैचारिक सभी साधन-सामग्री का सुयोग्य नियोजन एवं उपयोग करना होगा। यह करने की क्षमता और दृष्टि जिसमें हो वही राजनीतिक नेतृत्व सामने आये। हमारे देश में अमेरिका, फ्रांस, रूस, कम्बोडिया, पाकिस्तान आदि देशों की तरह ख़ूनी क्रान्ति नहीं हुई। हमारी सामाजिक व राजनीतिक क्रान्ति लोकतान्त्रिक मतदान के सिद्धान्तों पर हुई, यह हमारे लिए गर्व की बात है। मैं सभी धर्मनिरपेक्ष शक्तियों से अपील करता हूँ कि वे सुदृढ़ अर्थनीति, विकासशील सामाजिक नीति और कृषि व उद्योग आधारित व्यवस्था विकसित करें। विश्व के अर्थ-जगत में हम कहाँ खड़े हैं, यह हमें देखना चाहिए।'

वे यथार्थ की ठोस भूमि पर खड़े आदर्शवादी हैं। पंडित नेहरू की तरह वे गुटनिरपेक्ष राजनीति में यक़ीन रखते हैं। वे हर समस्या का शान्तिपूर्ण समाधान ढूँढ़ना चाहते हैं। इसे कई बार लोग अस्थिरता समझ सकते हैं। लेकिन इसमें ही

विरोधी दलों से उनके संवाद की सम्भावना निकलती है। हर दल का वरिष्ठ नेता उन्हें पसन्द करता है। युवा वर्ग के चहेते तो वे हैं ही। उन्हें उद्योगपति पसन्द करते हैं तो किसान भी। बहुत से सांसद, संसद भवन में उनसे भिड़ते हैं पर संसद से बाहर वे उनके मित्र हैं। मानव-मन की समझ, आपसी सन्तुलन और सह-अस्तित्व शरद पवार के विशिष्ट गुण हैं। उनके राजगुरु चव्हाण भी ऐसे ही थे—लचीले, तार्किक और सक्रिय। अपने जीवन दर्शन के बारे में चव्हाण कहते थे, 'कैसे बताऊँ। दरअसल मेरी वैचारिकता बहुत से विचारों से मिल कर बनी है। मैं सक्रियता में विश्वास रखता हूँ। वैसे मेरा सबसे बड़ा विश्वास मानव-मूल्यों में है।'

शरद भी मनुष्य के मनुष्यत्व पर भारी आस्था रखते हैं, उनके अन्दर कट्टरता के लिए कोई स्थान नहीं है।

बारामती में बचपन

पुणे से बारामती का रास्ता आज पक्की सड़क बन गया है। आधे रास्ते का धूसर बंजरपन भुला दें तो शेष आधे रास्ते नारियल, ताड़ और गन्ने के खेतों का विस्तार मिलता है। पिछली शताब्दी के आरम्भ में यह दृश्य इतना धानी नहीं था। खेती थी पर खुशहाली नहीं थी, किसानों के पास हल था पर ट्रैक्टर नहीं था, खेतों तक पानी पहुँचाने के लिए नहरें नहीं बनी थीं, खेती की उन्नत पद्धति के बारे में किसान कम जानते थे। बारामती तब एक तालुका था।

पुणे के शहराती लोग बारामती का नाम सुन कर नाक-भौं सिकोड़ते थे, 'अरे उस तालुके में धूल-धक्कड़, कच्चे रास्ते और बंजर ज़मीन के सिवाय और क्या रखा है?' लेकिन बारामती में एक चीज़ थी। वहाँ स्कूल था। स्कूल तो काटेवाडी गाँव में भी था। पर प्राथमिक शाला थी। वैसे काटेवाड़ी से बारामती ज़्यादा दूर नहीं था, सिर्फ़ छह मील। जिसे पढ़ने की लगन हो वह किसी न किसी की बैलगाड़ी पर बैठकर बारामती की पाठशाला आ जाता।

मुख्य मार्ग से बायीं ओर की सड़क उतर कर कच्चे रास्ते में तब्दील हो जाती। दूर छोर पर ऊस और अंगूर की फ़सलों के बीच गुज़रते हुए वह लाल टीन की छत दूर से नज़र आ जाती जो गोविन्दराव जिजाबा पवार के घर की थी। एक तरफ़ क़तार से बनी कई कोठरियाँ और लम्बा बरामदा था जहाँ उनकी गाय-भैंस बँधतीं। दूसरी तरफ़ मुर्गीबाड़ा था। शारदाबाई पवार इसी घर में ब्याह कर आयीं। यही घर-गाँव शरद पवार की जन्मभूमि बना।

वैसे शरद के पूर्वज श्री धारराव पवार मूलतः सतारा ज़िले के नांदवल गाँव में रहा करते थे। वे पेशे से राजमिस्त्री थे। सन् 1831 में लॉर्ड इरविन (Irwin) के एक अन्यायपूर्ण निर्णय से वे असहमत हो गये। सतारा के राजा प्रतापसिंह के दत्तक पुत्र को अंग्रेज़ सरकार उत्तराधिकारी मानने को तैयार नहीं थी। सतारा के जो लोग इस निर्णय के विरुद्ध खड़े हो गये उनमें धारराव पवार का नाम सबसे प्रमुख था। अंग्रेज़ सरकार को तो अपने फ़ैसले पर अटल रहना ही था सो वह

रही। किन्तु धारराव का मन खट्टा हो गया और उन्होंने नांदवल, सतारा छोड़ने का निर्णय ले लिया। जल्द ही वे अपना पूरा परिवार लेकर काटेवाडी चले आये। इस तरह सतारा निवासी पवार परिवार बारामती निवासी बन गया। लगता है बारामती का भाग्योदय ऐसे ही होना लिखा था।

धारराव पवार के वंशज जिजाबा लक्ष्मण पवार ने खेती को अपनी जीविका का आधार बनाया। जिजाबा पवार के तीन पुत्रों में गोविन्दराव सबसे बड़े थे। गोरे, लम्बे, हृष्ट-पुष्ट गोविन्दराव ने मैट्रिक तक की शिक्षा प्राप्त की। कृषि-कार्य के साथ-साथ उन्होंने बारामती के क्रय-विक्रय-संघ में नौकरी भी कर ली। उन्हें नौकरी की वजह से बारामती में रहना पड़ता लेकिन बीच-बीच में वे अपने खेत-जवार सँभालने काटेवाडी भी आते। शरद के पिता श्री गोविन्दराव और पितामह श्री जिजाबा ने परिवार में कृषि-कार्य की नींव तो डाली परन्तु वे उसका अधिक विकास व विस्तार नहीं कर पाये। काटेवाडी की धरती बारामती की अन्य धरती से अलग नहीं थी—कड़ी, पथरीली, पानी की कमी से रूखी-सूखी। बरसात के अभाव में पुणे और सतारा में हर दूसरे साल सूखे की स्थिति आ जाती। किसान को ऐसी धरती पर घनघोर परिश्रम करना पड़ता। बाद के वर्षों में सूखे की यही स्मृति शरद के लिए प्रेरणा और चुनौती बनी और उन्होंने बारामती क्षेत्र में सिंचाई के लिए निष्कर्षण टंकियों का निर्माण करवाया जिनसे खेतों को पूरे वर्ष पानी मिल सके।

शरद पवार की माता शारदाबाई कोल्हापुर के श्री कृष्णराव भोंसले की बेटी थीं। साँवली-सलोनी शारदा लम्बी और स्वस्थ देहयष्टि की युवती थीं। उनके नाक-नक्श आकर्षक साँचे में ढले थे। सौभाग्य से कोल्हापुर का सामाजिक, राजनीतिक और शैक्षिक परिवेश बहुत जागरूक था। वहाँ के राजा छत्रपति शाहूजी महाराज के अग्रगामी सुधारवादी कार्यक्रमों का प्रभाव कोल्हापुर के जनमन पर पड़ा था। अभी शारदाबाई तीन साल की भी नहीं हुई थीं कि उनकी माँ की मृत्यु हो गयी। अतः वे अपनी बहन और जीजा के घर में रह कर बड़ी हुईं। उनके जीजा सरकारी नौकरी में थे। उनका बार-बार तबादला होता रहता था। इसलिए बारह-तेरह साल की होते न होते उन्होंने शारदाबाई का दाखिला पुणे के सेवासदन स्कूल में करवा दिया। यहाँ छात्राओं के आवास की भी सुविधा थी। यहीं शारदाबाई पुणे की संस्कृति से परिचित हुईं। उनके मानस पर पंडिता रमाबाई तथा रमाबाई रानाडे के विचारों का गहरा प्रभाव पड़ा। शारदाबाई कक्षा में तेज़तर्रार छात्रा मानी जातीं। अध्यापिकाएँ उनकी कुशाग्र बुद्धि की कायल थीं।

लेकिन वे मुश्किल से सातवीं तक पढ़ पायीं कि उनके विवाह के लिए रिश्ते

आने लगे। 1920 में उनका विवाह काटेवाडी के गोविन्दराव पवार के साथ हुआ। दोनों ही परिवार जागरूक, शिक्षित और सुधारवादी थे। गोविन्दराव स्वयं पर्दा प्रथा के खिलाफ़ थे। उन्होंने अपने विवाह पर घोषित किया, 'शारदाबाई घूँघट में गृहप्रवेश नहीं करेगी, वह अपने व्यवहार से बड़ों का आदर करना सीखेगी।' इस परम्परागत रूढ़ि के टूटने पर पहले तो गाँव की बड़ी-बूढ़ियों ने मुँह बनाया पर बाद में शारदाबाई के सरल, समझदार और सहयोगी आचरण से सब उनकी कायल हो गयीं। पत्नी के परिश्रमी और प्रेमपूर्ण स्वभाव की वजह से पवार परिवार प्रगति करने लगा। गोविन्दराव सहकारिता आन्दोलन के अच्छे जानकार थे। बैकुंठलाल मेहता के सहकारी प्रयत्नों में गोविन्दराव का प्रमुख योगदान था। गोविन्दराव को किसान और मज़दूरों के पक्ष में हमेशा देखा जा सकता था। अपने वामपन्थी विचारों के आधार पर ही वे किसान मज़दूर पार्टी के संस्थापक सदस्य बने। शारदाबाई के मन-मस्तिष्क में समाज के विकास का एक ख़ाका था। वे भी किमपा की सदस्य बन गयीं। स्कूल में सीमित शिक्षा पाने के बावजूद उन्होंने स्वयं किताबें पढ़-पढ़ कर अपने को पर्याप्त जागरूक और प्रगतिशील बना लिया। 1936 में वे कांग्रेस की टिकट पर पुणे की स्थानीय जिला पंचायत में सभासद चुनी गयीं और 1952 तक पुणे शिक्षण-समिति की अध्यक्षा रहीं। वे साहस, विवेक और स्वप्नदर्शिता की प्रतिमूर्ति थीं। कालान्तर में ये सब गुण शरद पवार में ज्यों के त्यों प्रतिबिम्बित हुए।

खुदा की मेहर से राव दम्पति के घर किसी चीज़ की कमी नहीं थी। अन्न-धान्य, दूध-घी, मक्खन-छाछ से घर भरा-पूरा रहता। शारदाबाई के आँगन में सुबह-सुबह छाछ लेने वालों की भीड़ लग जाती–

'वहिणी कढ़ी बनानी है, ज़रा एक लोटा छाछ दो न।' कोई पड़ोसन इसरार करती।

'वहिणी हमारी गाय के दूध नहीं उतर रहा। लहाण (छोटे) बच्चे दूध के लिए मचल रहे हैं। आप दे देंगी!'

शारदाबाई भर-भर लोटे दूध-छाछ बाँटतीं। उनके हाथ हमेशा गोरस से चिकने और मुलायम रहते। अन्न-धन-दूध के इतने भरे भण्डार देख कर ही शायद विधाता ने गोविन्दराव का घर बच्चों से भी गुलज़ार कर दिया।

वे दिसम्बर के दिन थे। काटेवाडी में दिसम्बर में सर्दी नहीं होती। गर्मी भी नहीं होती। सुबह के वक़्त हवा में हल्की सी खुनकी होती है।

सारी रात शारदाबाई के पेट में उथल-पुथल रही थी। शारदाबाई ठीक से सो नहीं पायी थीं। वे पूरे दिन से थीं। अपने अन्य बच्चों को भी उन्होंने शरारत

करने से मना किया, 'चुपचाप बैठो, मेरी तबीयत ठीक नहीं है।'

उन्हें लगा जैसे आज ही शिशु का जन्म हो जायेगा। उन्होंने पति को उठाया, 'सुनो, ज़रा दाई को बुला दो। मुझे लगता है आज उसकी ज़रूरत पड़ेगी।'

सारा घर एकदम सक्रिय हो गया। बड़ी लड़कियाँ और लड़के उस दिन पाठशाला नहीं गये। वे उत्सुकता से अन्दर वाले कमरे की तरफ़ लपकते पर घर का पुराना सेवक उन्हें दरवाज़े से ही भगा देता।

कुछ ही देर बाद शिशु के रोने की आवाज़ सुनाई दी। घर में थाली बजायी गयी और सभी नाते-रिश्तेदारों को सगर्व सूचना भेजी गयी 'मुलगा झाला रे' (लड़का पैदा हुआ है)।

गोविन्दराव एक किताब के पीछे हर बच्चे की जन्मतिथि लिख लेते थे। उसी किताब के पृष्ठ पर लिखा गया पुत्ररत्न—12 दिसम्बर 1940। शारदाबाई के हृदय पर शरतचन्द्र चटर्जी के बांग्ला उपन्यासों के मराठी अनुवादों का गहरा प्रभाव था। इसीलिए उन्होंने बालक का नाम रखा शरदचन्द्र। श्रीकृष्ण की तरह शरद भी अपनी माता-पिता की आठवीं सन्तान थे। उन्हें किसी कंस से तो संघर्ष नहीं करना था लेकिन होश सँभालते ही उन्हें इसका अन्दाज़ हो गया कि अपने घर-गाँव की सभी ठोस समस्याओं से उन्हें लड़ना है। गाँव के अकाल-दुष्काल, सूखा, अल्प-वृष्टि, अनावृष्टि, बेरोज़गारी, साधनहीनता और हीनता-बोध के विरुद्ध उन्होंने संकल्पबद्ध संघर्ष का कठोर व्रत लिया।

शरद आठ भाई, चार बहन थे। सभी शिक्षित और स्वावलम्बी। किन्तु राजनीति में अभिरुचि केवल शरद की रही।

सबसे बड़े भाई वसन्तराव ने क़ानून की पढ़ाई पूरी कर वकालत सँभाली। दूसरे भाई दिनकर राव, जिन्हें सब अप्पासाहेब कहते हैं, कृषि-विज्ञान की पढ़ाई में अग्रणी निकले और सहकारी चीनी मिल के कर्ता-धर्ता बने। पच्चीस साल नौकरी करने के बाद वे बारामती वापस आ कर अपना कृषि-कार्य देखने लगे। उन्होंने बारामती परिसर को अपना कार्यक्षेत्र बनाकर सहकारिता के सिद्धान्त का चीनी, दूध और खेती जैसे विषयों में प्रतिपादन किया। लड़कपन में शरद ने बड़े ध्यान से अपने बड़े भाई की कर्मठता देखी और उससे प्रेरणा ग्रहण की।

तीसरे भाई आनन्दराव ख़ूबसूरत थे। उन्हें मुम्बई की फ़िल्मी माया ने आकृष्ट किया। वे पुणे में अपनी पढ़ाई बीच में छोड़ कर मुम्बई चले गये जहाँ उन्होंने वी. शान्ताराम की राजकमल पिक्चर्स में काम किया। लेकिन असमय मृत्यु ने उनकी पहचान अधूरी छोड़ दी।

चौथे भ्राता माधवराव ने इंग्लैंड में धातु विज्ञान की शिक्षा ग्रहण की और

अपना कारखाना स्थापित किया।

पाँचवें सूर्यकान्त वास्तुविज्ञानी बने। उन्होंने कुछ वर्ष इंग्लैंड में कार्य किया।

सबसे छोटे भाई प्रतापराव ने पिलानी से इंजिनियरिंग की शिक्षा ग्रहण की किन्तु वे पत्रकारिता प्रबन्धन की ओर उन्मुख हो गये। विगत लम्बे समय से वे 'सकाल' समाचार पत्र के प्रबन्ध सम्पादक हैं। यह मराठी का सबसे लोकप्रिय अख़बार है जो आठ नगरों से एक साथ छपता है।

शरद पवार की चारों बहनें विवाहित हैं और अपने-अपने कार्यक्षेत्र में स्थापित हैं। ये सभी पढ़ाई और खेलकूद में हमेशा आगे रहीं। किसी के अन्दर यह अकड़ नहीं कि वे शरद पवार की बहनें हैं। सुनीता जीवन बीमा निगम में काम करती हैं, सरोजिनी मुम्बई में एक स्कूल की प्राचार्य थीं, नीला पुणे में ग्रन्थालय सँभालती हैं और मिना गृहिणी हैं।

पवार कुटुम्ब के सभी बच्चों की प्रारम्भिक शिक्षा-दीक्षा बारामती में हुई। शारदाबाई और गोविन्दराव सामाजिक कार्य में व्यस्त होते हुए भी बच्चों की पढ़ाई और सेहत का बराबर ध्यान रखते। शारदाबाई तो ख़ासकर बच्चों की एक-एक हरकत पर नज़र रखतीं। वे बच्चों से प्यार तो करतीं किन्तु अनावश्यक लाड़ नहीं करतीं। गाँव की जनता को जागरूक करने के साथ-साथ उन्होंने अपने बच्चों के व्यक्तित्व के विकास पर भी तेज़ नज़र रखी। शरद शुरू से पिता की अपेक्षा माँ से ज़्यादा जुड़े रहे। उन्हें अपनी आई (माँ) का बेबाक, बहादुर और बेधड़क स्वभाव अच्छा लगता। वे किसी भी समस्या का झट से निदान ढूँढ़ लेतीं। वे हर बात सीधी और साफ़ कहने की कायल थीं। गोल-मोल विचार विमर्श और ढुलमुलपन उन्हें बिल्कुल पसन्द नहीं था। वे तुरन्त निर्णय लेतीं और अपनी योजना कार्यान्वित कर डालतीं। ये सब विशिष्टताएँ शरद के व्यक्तित्व में ऐसे उतर आयीं जैसे वे अपनी माता के फोटोस्टेट हों।

लेकिन ये सब बाद की बातें हैं। शरद के बालापन में वे सब शरारतें, कौतुक, दौड़भाग और उठापटक मौजूद थीं जो किसी भी बालक के जीवन तथा स्वभाव में होती हैं। परिवेश और परिवार में इन शरारतों के लिए अपार स्थान, समय और संग-साथ था।

शरद और उनके भाई-बहन मिल-जुल कर तरह-तरह के खेलों में रमे रहते—हू तू तू, पतंग उड़ाना, कंचे खेलना, पेड़ों पर चढ़ना, खो-खो, गेंद तड़ी और दौड़ लगाना। दोपहर में माँ सब बच्चों को घंटे दो घंटे के लिए सुला देतीं पर शरद को नींद नहीं आती। वह घर के पिछवाड़े अपनी साइकिल की ठोक-पीट शुरू कर देते।

बालक शरद बड़ी त्वरा और तत्परता से अपनी राह में आने वाली समस्त

बाधाओं को दायें-बायें सरकाकर झट से आगे बढ़ जाते।

एक घटना तब की है जब शरद पाँचेक साल के थे। एक दिन सुनीता और सरोजिनी का दो-तीन सहेलियों के साथ पिकनिक पर जाने का प्रोग्राम बना। गाँव से कुछ दूर पर एक टेकड़ी (पहाड़ी) थी। वहाँ लोग अक्सर घूमने जाते। सुबह-सुबह लड़कियाँ टोकरी में खाने का सामान और थैले में चादर, छोटा तौलिया वगैरह लेकर पिकनिक जाने को तैयार हो गयीं। शरद अभी नींद में ही थे कि उनके कान में बहनों की खुसफुस पड़ी। वे लेटे-लेटे आहट लेते रहे—अब मिठाई, नमकीन और पानी टोकरी में रखा जा रहा है, अब सब निकलने वाली हैं। शरद की नींद हवा हो गयी। वे चुपके से उठे और चल दिये बहनों के पीछे। थोड़ी दूर चलने पर लड़कियों को एहसास हुआ कि कोई पीछे-पीछे आ रहा है। पलट कर देखा तो शरद। सुनीता की सहेली ने टोका, 'सुनीता तुमने अपने भाई को पीछे क्यों लगा लिया। एक तो यह इतना छोटा है, दूसरे अभी चलते-चलते थक जायेगा, फिर इसे कौन लाद कर वापस लायेगा। इतना बड़ा बच्चा न गोदी का न पैदल का।'

सुनीता बोली, 'शरद, तू वापस जा।'

दूसरी लड़की ने कहा, 'बाप रे, बाप, इसके पैरों में तो चप्पल तक नहीं हैं। काँटे गड़ेंगे तब क्या करेगा बोल।'

शरद का मुँह गुस्से से लाल हो गया। उसे लगा कि सभी लड़कियाँ उसे छोटा और अशक्त समझ रही हैं। उसने कहा, 'अगर मैं तुम सबसे पहले टेकड़ी पर पहुँच गया तो! लगाओ शर्त।'

'नहीं तू गिर जायेगा।' सरोजिनी ने कहा।

'नहीं गिरूँगा।'

'थक गया तो कौन ढोयेगा तुझे?' सुनीता की सहेली ने पूछा।

'थकूँगा नहीं, देख लेना।'

शरद ने सुनीता के हाथ से टोकरी पकड़ी और तेज़-तेज़ क़दमों से आगे-आगे चलता गया। पहाड़ी पर तो वह फुदकता हुआ चढ़ गया। वहाँ एक अच्छी हरीभरी जगह देख उसने टोकरी टिकाई और फिर नीचे चल दिया—सरोजिनी के कन्धे से थैला लेने।

जितनी देर ऊपर खाना-पीना हुआ बस उतनी देर शरद निचावला बैठा होगा। वापसी में शरद उछल-उछल कर आगे चलता रहा और सबसे पहले घर पहुँच गया। जब तक सभी लड़कियाँ घर आयीं, शरद दोस्तों के साथ हू तू तू खेलने जा चुका था।

घर में तो टिकते ही नहीं थे शरद। खोखो और कबड्डी टीमों के वे अगुआ थे। इसके साथ ही ऊँची कूद, लम्बी कूद, दौड़ में भी शरद बढ़-चढ़ कर हिस्सा लेते। खेल के बाद पसीना-पसीना होकर घर लौटते और बिस्तर पर पड़ते ही सो जाते। शरद के अन्दर राजनीति के मैदान में भी खेल-भावना, खुशमिजाजी और खुलूस जैसी ख़ासियतें देखने को मिलती हैं। निश्चित ही ये खेल के मैदान से आयी खूबियाँ हैं।

यह सहज और स्वाभाविक ही है कि शरद मुम्बई क्रिकेट एसोसिएशन और वानखेडे क्लब के अध्यक्ष रहे हैं। आज ये दोनों संस्थाएँ सुचारु रूप से चल रही हैं। शरद पवार के अध्यक्ष बनने से पूर्व ये दोनों संस्थाएँ घाटे पर चल रही थीं। इनकी आमदनी का 70% धन क़ानूनी मुक़दमों की भेंट चढ़ जाता। शरद जी ने इनका संचालन सँभालते ही सबसे पहले इनका वैधानिक पक्ष सबल किया और एक-एक कर सारे क़ानूनी विवाद निपटाये। आज ये दोनों संस्थाएँ अच्छी तरह से संयोजित हैं।

इसी तरह शरद महाराष्ट्र ओलिम्पिक एसोसिएशन के भी अध्यक्ष रहे हैं। उनकी अध्यक्षता में अन्य खेलकूद और क्लब हैं—महाराष्ट्र कुश्तीगीर परिषद् और गरवारे क्लब हाउस, मुम्बई। वे मराठा मन्दिर न्यास से भी सम्बद्ध हैं।

शरद की प्रतिभा

शरद पवार के जीवन में 1964 से 1967 तक का समय तरह-तरह की गतिविधियों से भरा हुआ था। 1958 में अठारह साल की आयु में वे कांग्रेस पार्टी के सदस्य बने और उन्होंने तभी से युवावर्ग को पार्टी से सम्बद्ध करना आरम्भ कर दिया। इस दौरान उन्होंने प्रगतिशील विचारधारा की पुस्तकों का गहन अध्ययन किया। शाहूजी महाराज और महात्मा फुले के विचारों से वे पहले ही प्रभावित थे। अब वे उदार विचारों वाले युवा नेता के रूप में पहचाने जाने लगे। 1964 में वे महाराष्ट्र युवक कांग्रेस के अध्यक्ष निर्वाचित हुए। उन्हें सत्ताईस साल की उम्र में राज्य विधानसभा की सदस्यता प्राप्त हुई। 1967 में एक और महत्त्वपूर्ण काम हुआ। इस वर्ष उनका विवाह, मशहूर क्रिकेटर सदाशिव शिन्दे की ज्येष्ठ कन्या प्रतिभा के साथ हो गया। शरद जी की माताश्री शारदाबाई चाहती थीं कि उनके जीते जी एक सुन्दर सुयोग्य बहू उनके पुत्र का जीवन सँवार दे। उन्होंने ही प्रतिभा का चयन किया। एक अच्छे पुत्र की तरह शरद ने माँ की इच्छा का सम्मान किया। विवाह-सम्बन्ध के पहले परस्पर परिचय के समय शरद प्रतिभा से खुल कर बोले। उन्होंने यह स्पष्ट कर दिया कि वे किस तरह के युवक हैं। उनके सारे सपने राजनीति और समाज से जुड़े हुए हैं; लाख मुश्किलें आयें लेकिन वे अपने सपने नहीं छोड़ेंगे; वे कभी कोई लगी-बँधी नौकरी नहीं करेंगे; उनके साथ जीवन बड़ा ऊबड़-खाबड़ और अनिश्चित रहेगा; उनकी मुहब्बत का पहला हक देश को है और दूसरा समाज को, तुम्हारा नम्बर हमेशा तीसरा रहेगा—ये सब बातें शरद जी ने उस दुबली-पतली सोनजुही जैसी प्रतिभा से कहीं जो उस वक़्त कुल अठारह साल की थीं और जिसने जीवन का कोई और रंग अभी देखा भी नहीं था। प्रतिभा तो इस उम्र में एक कोरा काग़ज़ थीं जिस पर शरद को अपने प्रेम की इबारत लिखनी थी। शरद थे श्याम सलोने, ऊँचा क़द, विशाल स्कन्ध, मुक्तासम दन्त पंक्ति और स्मार्ट। प्रतिभा असूर्यम्पश्या कली-सी गोरी, शर्मीली, तन्वंगी। शरद से आठ साल छोटी थीं वह। उन्होंने अपने जीवन की डोर शरद के हाथ सौंप दी।

देखा जाय तो यह सूरज और चाँद का मिलन था। शरद ग्रामीण युवक, प्रतिभा शहरी युवती; शरद जोशीले, प्रतिभा शर्मीली; शरद राजनीतिज्ञ, प्रतिभा राजनीति से अपरिचित। ऐसे ही दम्पति ज़्यादा सफल दाम्पत्य जीते हैं जिनमें दोनों ध्रुव उपस्थित होते हों। यह नमक और चीनी का मेल था।

प्रतिभा का जन्म बड़ौदा में हुआ और शिक्षा पुणे में। उन्होंने हायर सेकेंडरी तक महाराष्ट्र एजूकेशन संस्थान में शिक्षा ग्रहण की। इतने लोकप्रिय युवा नेता को अपना पति व प्रियतम बनाने में उन्हें कोई अनिश्चय या भय महसूस नहीं हुआ क्योंकि दोनों के हृदय में एक-दूसरे के लिए लगाव पैदा हो चुका था। इसी लगाव के चलते प्रतिभा शहरी ज़िन्दगी छोड़, विवाह के बाद चार साल तक बारामती में रहीं। उन्होंने पवार-परिवार की जीवन-शैली में अपने को ऐसे मिला दिया कि अपने पति और सास-ससुर का दिल जीत लिया। प्रतिभा को अपनी ससुराल से कभी कोई शिकायत नहीं हुई।

शरद और प्रतिभा के जीवन में 1969 में हर्षातिरेक का एक और क्षण आन मिला जब जून माह में उनकी बिटिया सुप्रिया का जन्म हुआ। दोनों दिनोंदिन बच्ची का हँसना, रोना, ठुमकना, मचलना देखते और उन्हें अपनी दुनिया सतरंगी नज़र आती। आनन्द के उस समय में भी शरद अपने सिद्धान्तों से दूर नहीं रहते। उन्होंने पत्नी से सलाह की और दोनों ने मिल कर यह तय किया कि वे एक ही बच्चे को अपना सम्पूर्ण परिवार समझेंगे। उन्हें उससे कोई फ़र्क नहीं पड़ेगा कि उनके कोई लड़का नहीं है। शरद ने सोचा मैं जनता के बीच हमेशा परिवार नियोजन की सीख देता हूँ, लोगों को जनसंख्या विस्फोट की समस्या से परिचित करवाता हूँ, तो परिवार कल्याण व नियोजन का कार्यान्वयन मुझसे ही आरम्भ होना चाहिए। लिहाज़ा पत्नी की सहमति के साथ उन्होंने अपनी शल्यक्रिया करवा ली। इस तथ्य से उत्तर भारत, विशेषकर, उत्तर प्रदेश के नेताओं को कुछ शिक्षा मिलनी चाहिए जो परिवार नियोजन को सिर्फ़ पराये परिवारों की ज़िम्मेदारी समझते हैं; उनके अपने निजी परिवार में बच्चों की लम्बी लाइन होती है। शरद पवार निजी स्तर पर भी उतने ही लिबरेटेड व्यक्ति हैं जितने सार्वजनिक स्तर पर। उनकी पत्नी भी इसी तरह सोचती हैं कि नेताओं की कथनी और करनी में अन्तर नहीं होना चाहिए।

ऐसे कर्मठ व सिद्धान्तवादी जननेता की पत्नी का चित्र कल्पना में बनता जा रहा था। संयोग से हाल ही में मुम्बई जाने का मौक़ा आया। इन पंक्तियों के रचनाकार ने सोचा कि फ़ोन करके देखते हैं, प्रतिभा जी अगर यहाँ हों तो उनसे भेंट कर लें। फ़ोन किया। वे फ़ोन पर आयीं। उन्होंने बड़ी सहजता से शाम चार बजे का समय दे दिया।

प्रतिभा जी ने कहा, 'मैं गाड़ी भेज दूँगी, ठीक चार पर।'

वाकई उन्होंने सही वक़्त पर गाड़ी भेज दी। मेरे अस्थायी ठिकाने से बहुत दूर नहीं था उनका घर। भूलाभाई देसाई रोड पर कार जब दाहिने हाथ मुड़ी तो 'सिल्वर ओक' का हरियाला परिसर नज़र आया।

'सिल्वर ओक' पूरी कॉलोनी है जिसमें तरह-तरह के पेड़-पौधे लगे हुए हैं। ओक अर्थात् बलूत का पेड़ तो कहीं नहीं दिखा; हाँ, तरह-तरह के पाम तथा अन्य वृक्ष वहाँ बहुतायत में हैं। डैजर्ट पाम, चाइना पाम और पीपल, बरगद के अलावा वहाँ सदाबहार पौधे हरी-पीली छटा बिखेरते हैं। इस कॉलोनी के एक मकान की सीढ़ियों पर एक छोटी-सी, प्यारी-सी बच्ची बैठी हुई अपने पैरों में पहिये वाले जूते (स्केट्स) पहनने की कोशिश कर रही है। सुतवाँ, सुन्दर चेहरे वाले एक व्यक्ति इस अभियान में उसकी मदद कर रहे हैं।

मकान के जिस दरवाज़े पर 'शरद पवार' का नामपट लगा है उससे नहीं, अगले द्वार से मैं अन्दर जाता हूँ। अन्दर सुरक्षा जाँच का कोई झंझट नहीं। पहला कमरा ही घर की बैठक है। प्रतिभा जी साइड टेबिल के पास खड़ी कुछ देख रही हैं। नमस्कार, प्रति-नमस्कार के साथ हम बैठते हैं। प्रतिभा जी के चित्र शरद जी की पुस्तकों में देखे थे; रूबरू वे चित्रों से बढ़ कर हैं—स्लिम, साँचे में ढला बदन, धूप-धुला रंग, चेहरे पर सौम्य स्मित-रेखा, माथे पर एक छोटी-सी बिन्दी, गले में एकदम साधारण मंगलसूत्र और देह पर हैंडलूम की सूती साड़ी—समुद्री हरे रंग की। उनके व्यक्तित्व में सादगी, सौम्यता और सौन्दर्य का अद्भुत संगम है। यही झलक उनके साथ हुए संवाद में मिली। सामने वाले को प्रभावित करने के लिए अपना प्रभामण्डल इस्तेमाल करने का कोई प्रयास नहीं। निहायत सादगी से बोलती हैं। उनसे बातचीत शुरू हो जाती है। मैं प्रश्न करता हूँ, वे उत्तर देती हैं।

'महज़ आपसे मिलने मैं इतनी दूर आया हूँ। हिन्दी बोलने में आपको कोई दिक़्क़त तो नहीं?'

'नहीं, आप अख़बार की तरफ़ से तो नहीं आये न?'

'जी नहीं, किताब लिखने का इरादा है। अख़बार वालों से आपको परहेज है क्या?'

'नहीं पर मैं पसन्द नहीं करती। अगर आपने कोई अख़बार का नाम लिया होता तो मैं ना कर देती।'

तभी वह स्केट्स वाली बच्ची अन्दर आकर प्रतिभा जी की गोद में चिपक जाती है। वे उसे बड़ी सहजता से प्यार कर गोद से उतारने का प्रयत्न करती हैं। रेवती उनकी साड़ी में लिपट जाती है। रेवती उनकी नातिन है, सुप्रिया और

सदानन्द सुले की पुत्री। पहली नज़र में ही साफ़ ज़ाहिर हो जाता है कि रेवती अपनी नानी माँ से बेहद हिली हुई है। नानी पर वह अपना पूरा हक़ चाहती है।

रेवती के संग अन्दर आये सज्जन भी बैठ गये हैं। उनकी मुद्रा से लगता है उनका आज की कसरत का कोटा पूरा हो गया। रेवती की चंचलता को तो पंख लगे हुए हैं।

प्रतिभा जी परिचय करवाती हैं—'मेरे पति के मित्र हैं भास्कर शेट्ये साहब।' वे चुपचाप बैठे हमारा वार्तालाप सुनते हैं।

'आपका विवाह कब हुआ?'

'1967।'

'यानी आपसे विवाह के बाद शरद जी विधायक बने।'

'नहीं। वे तो मार्च 1967 में चुनाव जीत कर आमदार (विधायक) बन गये थे।'

'और शादी कब हुई?'

'1 अगस्त 1967।'

'आप तब इतनी छोटी थीं, मेरा मतलब है आप बस टीन-एजर थीं, कुल अठारह साल की। देखा जाय तो आप नौ साल छोटी पत्नी थीं।'

'नहीं, आठ साल छोटी। मैं उन्नीस साल की थी।'

'तब भी आप टीन-एजर तो थीं। आपको एक राजनीतिज्ञ से विवाह करने में भय तो नहीं लगा।'

'नहीं, ठीक लगा।'

'पर नेताओं का जीवन तो बड़ा अनिश्चित होता है।'

'उस वक़्त इतना सोच-विचार नहीं किया। हमारे घरवालों ने कहा लड़का अच्छा है, ख़ानदान अच्छा है।'

'शादी के बाद कहाँ रहीं?'

'बारामती में।'

'कितने दिन?'

'चार साल। लेकिन बारामती तो हम अभी भी जाते हैं। दिवाली पर तो काटेवाडी ज़रूर जाते हैं। वहाँ सब इकट्ठे होते हैं।'

'वहाँ कुछ ख़ास होता है क्या?'

'हाँ, गैदरिंग रहता।'

प्रतिभा जी मितभाषी हैं। कम से कम शब्दों में अपनी बात कहती हैं। उनकी आँखें और गर्दन ज़्यादा सवाक् हैं।

'राजनीति में आपकी रुचि है?'

'नहीं।'

'बिल्कुल नहीं?'

'नहीं।'

'अपने सास-ससुर के बारे में कुछ बताइये।'

'दोनों अच्छे थे, बहुत अच्छे।'

'यह बताइये प्रतिभा जी, कभी पवार साहब केबिनेट मन्त्री होते हैं, कभी विपक्ष में होते हैं। कभी सत्ता में होते हैं, कभी सत्ता से एकदम बाहर। आपको कैसा लगता है?'

'इस बात से मुझे फ़र्क नहीं पड़ता। घर तो वैसा ही बना रहता है।'

'पवार साहब घर को समय देते हैं?'

'हाँ घर को, परिवार को समय देते हैं।'

'आप यहाँ रहती हैं?'

'मुझे शुरू से मुम्बई पसन्द है। कई साल से मैं इधर ही रहती हूँ।'

तभी रेवती एक बार फिर दौड़ती हुई आकर उनकी गोद में चढ़ जाती है। वह नानी के सिर से सिर जोड़ कर कुछ कहती है। प्रतिभा जी उसे पुचकार कर समझाती हैं। कुछ देर के लिए बच्ची अन्दर चली जाती है।

'शरद जी तो दिल्ली रहते हैं?'

'वह तो सारे देश में घूमते रहते हैं। यहाँ भी बराबर आते हैं।'

'आपको प्रतीक्षा रहती होगी।'

'नहीं, प्रतीक्षा नहीं। पहले ही मालूम रहता है कि आयेंगे।'

'शरद जी दुनिया के कोने-कोने में घूमते हैं। आपको कभी साथ ले जाते हैं?'

'हाँ, मैं बहुत बार उनके साथ विदेश गयी। मुझे यूरोप पसन्द आया, ख़ासकर स्विट्ज़रलैंड।'

'आपके साथ कभी पॉलिटिक्स पर बात करते हैं?'

'एकदम नहीं। घर में पॉलिटिक्स डिसकस नहीं करते।'

'शरद जी ने जब कांग्रेस छोड़ी आपको ख़बर थी?'

'हाँ, मेरे को पता था। किसी बात पर दुख मनाते बैठना उनका स्वभाव नहीं है। वे अगले काम में लग जाते हैं।'

'कभी गुस्सा-वुस्सा करते हैं क्या?'

'घर में कौन नहीं करता। कभी गुस्सा भी करते हैं। आज भी किया था।'

'कभी आप दोनों का झगड़ा होता है?'

'होता है। क्या आपका नहीं होता।'

मैं प्रतिभा जी से कहना चाहता था कि सिर्फ़ वही सम्बन्ध सजीव रहते हैं जिनमें गुस्से और खुशी दोनों की गुंजाइश रहे। दीर्घ दाम्पत्य में कई बार सम्बन्ध अपनी सर्दी-गर्मी खो कर निर्जीव बन जाते हैं। शायद ऐसा कहने की ज़रूरत नहीं थी। प्रतिभा जी के मुख मण्डल की दीप्ति और मुस्कान यह जता रही थी कि ख़ुदा सही सलामत है।

'आपको शरद जी की कौन सी बात सबसे पसन्द है?'

'ये कभी अपना कमिटमेंट नहीं तोड़ते। निन्यानवे प्रतिशत, निन्यानवे पॉइंट नौ प्रतिशत पालन करते हैं। अगर कहा है आयेंगे तो चाहे आधी रात में आयें, पहुँचते ज़रूर हैं।'

'शरद जी इतनी बार मुख्यमन्त्री बने, प्रतिरक्षा मन्त्री बने और भी कई विभागों के मन्त्री रहे, आपको सबसे अच्छा समय कौन सा लगा?'

'मन्त्री हो चाहे न हो, घर तो वैसा ही रहता है। पॉलिटिक्स और घर अलग चीज़ है। मन्त्री पद तो आता है, जाता है। उनका काम करने का वही हिसाब रहता है। जब मन्त्री नहीं होते तब भी 15-18 घंटे काम करते हैं।'

'आप अकेली हो जाती होंगी?'

'नहीं।'

'आपकी हॉबीज क्या हैं?'

'खेल-कूद में शुरू से रुचि है। यह हमारा कॉमन फैक्टर है।'

'एक और कामॅन फैक्टर है आपका। आप दोनों ही चाय नहीं पीते।' (भास्कर शेट्ये जो इतनी देर से चुपचाप हमारी बातें सुन रहे हैं बीच में कहते हैं।)

शेट्ये : 'मैं बताऊँ इनकी हॉबी। घर-गृहस्थी देखना—यही इनकी हॉबी है।'

'प्रतिभा जी, आप संगीत-सभाओं में भी तो जाती हैं।'

'मुझे शास्त्रीय संगीत अच्छा लगता है। भीमसेन जोशी और लता मंगेशकर का गायन मुझे ज़्यादा पसन्द है।'

'आप इतने शहरों में रहती आयी हैं। कौन-सा शहर पसन्द आया।'

'पुणे हर तरह से अच्छा शहर है।'

'आपका मायका कहाँ है?'

'पुणे में। सारी बहनें भी शादी के बाद पुणे में ही रहती हैं।'

'मैंने कहीं पढ़ा था कि आपकी माँ इतनी क्रिकेट प्रेमी थीं कि पूना से मुम्बई अकेली क्रिकेट मैच देखने आती थीं।'

'सही बात है। मेरे पिता क्रिकेटर थे। मेरी सब बहनों और माँ को क्रिकेट देखने का शौक है।'

'अच्छा, हम वापस शरद जी पर आते हैं। अभी पिछले दिनों उन्होंने सॉफ्ट ड्रिंक्स में कीटनाशकों के आरोपों की जाँच करने वाली संयुक्त संसदीय समिति की अध्यक्षता सँभाली है। आपको शायद पता हो कि बड़ी शक्तिशाली कम्पनियाँ ये सॉफ्ट ड्रिंक्स बनाती हैं। अमेरिका में तो इन कम्पनियों के इशारे पर राष्ट्रपति पद का उम्मीदवार चुना जाता है। केन्द्र के सभी सूरमाओं ने इस समिति के अध्यक्ष पद की ज़िम्मेदारी से इनकार कर दिया था। ऐसे में शरद जी के यह पद सँभालने को राज़ी हो जाने से आपको भय तो लगा होगा है न?'

'मुझे कोई भय नहीं लगा। भय तो उन कम्पनियों को लगेगा जिनकी जाँच पवार साहब करेंगे।'

'आप दोनों साहसी हैं। मान लीजिए आपके पास कोई शरद जी से सिफ़ारिश के लिए आये तो आप क्या करती हैं।'

'मैं तुरन्त सिफ़ारिश कर देती हूँ पर कभी कोई आता ही नहीं है। पवार साहब ने ऐसा सिस्टम नहीं रखा है।'

'जब वे यहाँ होते हैं तब?'

'तब तो यहाँ भीड़ लग जाती है। आज पूना गये हुए हैं नहीं तो आप देखते।'

'आप कभी बाहर निकल पाती हैं?'

'क्यों नहीं। हफ़्ते में एक दिन तो मैं मार्केट जाती ही हूँ। मछली, सब्ज़ी-भाजी सेलेक्ट करती हूँ। इनको मछली बहुत पसन्द हैं।'

'तब लोग आपको पहचान कर घेर लेते होंगे।'

'नहीं, ज़रा भी नहीं। मुझको कोई कॉलोनी में भी नहीं पहचानता। बाहर की तो बात छोड़िये।'

मैं विस्मय से उन्हें देखता रह गया। इस क़दर नेपथ्य में रह कर सुख सम्पृक्त होने वाली नारी मुझे कहीं से भी अबला या उपेक्षित नहीं लग रही थी। इक्कीसवीं सदी की युक्ति-कामी स्त्री का उग्र, उद्दंड, कटखना व्यक्तित्व यहाँ सिरे से गायब था। इसका श्रेय शरद जी को जाता है कि प्रतिभा जी अपने घर-संसार में इस क़दर मगन हैं। उनके प्रेम और विश्वास से बँधे शरद जी नित नये रचनात्मक कार्य करने के लिए स्वतन्त्र हैं। प्रतिभा अच्छी तरह समझती हैं कि उनके पति देश, समाज और समय में अहम भूमिका निभा रहे हैं।

हम समापन संवाद की ओर बढ़ रहे हैं। प्रतिभा जी का कोई पूर्व-नियोजित कार्यक्रम 6.30 पर है। वे कहती हैं :

'एक्सक्यूज मी, मेरा एक अपॉइंटमेंट है, आप तब तक चाय पीजिए। सुप्रिया सात बजे आयेगी।'

'बस आख़िरी सवाल, यह बताइये शरद जी की सबसे बड़ी विशेषता आपकी नज़र में क्या है?'

'वे कभी वायदा नहीं तोड़ते। उन्हें सम्बन्ध निभाना आता है।'

श्री भास्कर शेट्ये से शरद पवार की दोस्ती पैंतालीस साल पुरानी है। सन् 1958 में बी. एम. सी. कॉलेज पुणे में दोनों कॉमर्स के छात्र थे। इनका दो साल हॉस्टल में संग-साथ रहा तथा दो साल हॉस्टल के बाहर पक्की दोस्ती चली। 1962 में पुणे में पंचेत बाँध बह जाने से बड़ी तबाही मची। सड़कों पर पानी भर गया। शरद पवार ने उन दिनों बाढ़ में फँसे नगरवासियों को सुरक्षित स्थानों पर पहुँचाने और राहत दिलाने में बड़ी मदद की। सांस्कृतिक स्तर पर उन्होंने चेरिटी शो, ड्रामा आदि आयोजित कर, अर्जित किया हुआ धन बाढ़ पीड़ितों में बाँटा।

इतना सब जान लेने पर मैं भास्कर शेट्ये से वार्तालाप के लिए प्रेरित होता हूँ :

'शेट्ये जी, यह बताइये कि एक अकेले इंसान में इतनी विशेषताएँ आख़िर कहाँ से आ गयीं।'

'दरअसल विरासत में भी गुण मिलते हैं। शरद पवार की माताजी में ये सब गुण कूट-कूट कर भरे थे। बड़ी तीखी नज़र रखती थीं वे। वे मुझे भी सलाह देती थीं। उन्होंने तय किया कि कौन बेटा क्या बनेगा और किस तरह पढ़ाई करेगा। शरद पवार बिल्कुल शारदाबाई की तरह हैं।'

'आपके अलावा और कौन लोग उनके साथी रहे?'

'देखिये, वे केवल बुद्धिजीवियों को अपना मित्र बनाते हैं। उनके पास थोड़ा-सा समय होता है। उसे वे अच्छी सोहबत में बिताना चाहते हैं। उनका उसूल है कि मूर्ख के साथ बहस में उलझना बेकार है। बहस हमेशा बराबर बुद्धि वालों के बीच होनी चाहिए।'

'आप उनके जीवन की सबसे सौभाग्यशाली घटना क्या मानते हैं?'

'भाभी जी से उनका विवाह। पवार साहेब को भाभी जी एकदम लक्ष्मी मिल गयी हैं। रात 12 बजे भी अगर 40-50 दोस्त इकट्ठे हो जायें, भाभी जी सबको खिला-पिला कर भेजती हैं।'

'क्या आप उनकी शादी में गये थे?'

'हाँ, हम तमाम मित्र लोग बारामती गये थे। उस समय तक ये आमदार बन गये थे। बारामती में इनकी शादी में इतनी भीड़ थी कि शादी की जगह यह यात्रा लग रही थी। महाराष्ट्र के मुख्यमन्त्री भी आये थे। बारामती की सारी जनता अलग आमन्त्रित थी। पवार साहब के हर क्षेत्र में इतने दोस्त हैं कि यह

तय करना मुश्किल रहता है किसे छोड़ें, किसे बुलायें। सब उनके बड़े परिवार के हिस्से के समान हैं।'

'कभी आपसे या अन्य मित्रों से मौजूदा राजनीति की चर्चा करते हैं।'

'अपने गहरे दोस्तों से वे कभी राजनीतिक चर्चा नहीं करते। हर आदमी से हर बात नहीं करते वे। राजनीतिक साथियों से ही राजनीतिक चर्चा करते हैं।'

'आप सब में संवाद का विषय क्या होता है?'

'कभी संगीत सुनते हैं, कभी साहित्यिक चर्चा होती है। उन्होंने अनेक लेखक पढ़ रखे हैं। ना. सि. फड़के, पु. ल. देशपाण्डे, कुसुमाग्रज, रणजीत देसाई और विश्वास पाटिल की रचनाएँ वे उद्धृत कर सकते हैं, हर एक के गुण बता सकते हैं। वैसे उनके बहुत से मित्र गैर-मराठी भी हैं।'

'राजनीति के बीच साहित्य याद रख पाते हैं?'

'याददाश्त की मत पूछिये। एक-एक आदमी को नाम से जानते हैं पवार साहब। नेपोलियन के बारे में कहा जाता है कि वह अपने एक-एक सिपाही को नाम से पहचानता था। ऐसी ही याददाश्त पवार साहब की है।'

'और कुछ?'

'बरसों से हम देख रहे हैं। कभी विश्राम नहीं लिया। आपको पता है पहले रत्नागिरि में साधारण आम होता था। किसानों को इसके अलावा कोई आम पता भी नहीं था। शरद पवार ने एक फ़सल हापुस आम की लगाई। किसान बेचारे को यह भी नहीं पता होता कि उसकी समस्या क्या है। शरद पवार किसान को समझाते, तुम्हारी समस्या यह नहीं, यह है, इसी तरह उन्होंने आम और ऊस का कल्याण किया।'

'इतना सब वे कैसे कर लेते हैं?'

'उनमें काम करने की अद्‌भुत क्षमता है। सुबह से रात तक मेहनत करने के बाद भी एकदम तरोताज़ा रहते हैं। स्टाफ़ थक जाता है, वे नहीं थकते।'

'उनकी महिला मित्रों के बारे में बताइये।'

'वर्षों से तो इस रोल में हम सिर्फ़ भाभी जी को देख रहे हैं। नहीं, उनकी कोई महिला-मित्र नहीं है।'

अब तक काफ़ी अँधेरा हो चला था। इसलिए हमने वार्तालाप को पूर्ण विराम लगाया और मैंने अपने काग़ज़ात समेट लिए। बाहर एक बार फिर पानी बरस रहा था। खिड़की के पार चाइना पाम की पत्तियाँ बिजली और बारिश के मिले-जुले जादू से झिलमिला रही थीं। ऐसे में वापस अपने ठिकाने पहुँचना बेहतर था।

अभी सुप्रिया से मिलने की उत्सुकता शेष थी।

अगले दिन एक बार फिर सिलवर ओक जाना हुआ। वही हरियाली और बारिश की बूँदों का टिप-टिप नृत्य! मुम्बई की बारिश के क्या कहने! न बादल गरजते हैं न बिजली चमकती है; बिना किसी पूर्वकथन के झर-झर पानी बरसता है और पन्द्रह मिनट में विदा हो जाता है। मुम्बई वालों को कोई फ़र्क नहीं पड़ता। मुम्बई का कोई काम नहीं रुकता। भूला भाई देसाई रोड पर इतना ढलान है कि पानी एक क्षण कहीं रुकता, भरता नहीं है। सीधे उतर जाता है।

बैठक ख़ाली है। सूचना मिलती है कि शरद जी की पुत्री सुप्रिया ज़रूरी काम से बाहर गयी थीं, इस वक़्त वापसी के रास्ते में ट्रैफिक में फँसी हैं, बस पहुँचने वाली हैं। बैठक की दीवारों पर चित्र लगे हैं। मैं उन पर ग़ौर करता हूँ। पानी ख़त्म होते न होते हवा के चंचल झोंके की तरह सुप्रिया कमरे में दाखिल होती हैं, चन्द मिनटों के विलम्ब के लिए 'सॉरी' कहती हुईं।

निहायत कैजुअल ड्रेस में हैं सुप्रिया—जीन्स और टॉप। बेहद सचेत और स्मार्ट लग रही हैं। लम्बी, दुबली और आकर्षक, यह लड़की दो क्या, एक भी बच्चे की माँ नहीं लगती। हँसती हैं तो पिता की छवि साफ़ झलकती है, पतले होठ, मोतियों जैसे दाँत, खनकती आवाज़।

'बाबा के बारे में लिखने जा रहे हैं, यह तो अच्छी बात है!' हम बात शुरू करते हैं बिना किसी पूर्वाग्रह अथवा दुराग्रह के। पिता के बारे में कुछ भी बताते हुए सुप्रिया की आँखों की चमक जताती है कि उसे यह विषय कितना प्यारा है। क्यों न हो, आफ्टर ऑल शी इज़ पापाज़ गर्ल।

'तुम्हारी यादों में थोड़ी दूर चलते हैं। किसी मज़ेदार घटना से शुरू करें। कोई ऐसी छवि जो तुम्हारे अन्दर अटक गयी है?'

'1989 में हम सब गोवा में छुट्टी मना रहे थे। बाबा इतने व्यस्त रहते थे बॉम्बे में। सारे दिन मीटिंग, जाना-आना, मिलने वाले। मुझे तो लगता था ये दुनिया के सबसे व्यस्त बाबा हैं। इसलिए गोवा के बीच पर घूमना, दौड़ना, बातें करना हमें बहुत अच्छा लग रहा था।'

'बाबा को राजीव गाँधी जी ने अचानक फ़ोन किया और दिल्ली आने को कहा। बाबा हमें गोवा छोड़कर चले गये। लौटकर आकर फिर हमारे बीच शामिल हो गये। फिर बोले, 'चलो आज मुम्बई वापस चला जाय।' तब भी हमें कोई भनक नहीं लगने दी।

'मुम्बई एयरपोर्ट पर जैसे ही हमारा एयरक्राफ्ट उतरा, चारों ओर से पुलिस ने हमें घेर लिया। मैं तो बेहद डर गयी। मुझे लगा बाबा गिरफ़्तार किये जा रहे हैं। आई के चेहरे पर भी चिन्ता की छाया आयी पर उनमें ज़्यादा हिम्मत रहती है।

'जब एक पुलिस अफ़सर से आई ने पूछा क्या मामला है तब पता चला कि बाबा को फिर से मुख्यमन्त्री बनना है। घंटे भर बाद शपथ ग्रहण वाला प्रोग्राम है।'

'इसका मतलब शरद जी में अद्‌भुत धीरज है। किसी बात की गोपनीयता वे भंग नहीं करते।'

'बिल्कुल नहीं, कभी नहीं। यह उनका स्वभाव है।'

'मुख्यमन्त्री तो वे कई बार रहे हैं। इसके पहले 1978 में जब पहली बार सी. एम. बने तब कैसा लगा तुम्हें?'

'उस समय मैं सिर्फ़ नौ साल की थी। सी. एम. या मुख्यमन्त्री क्या होता है, मुझे कोई अन्दाज़ नहीं था।'

'आई या स्कूल की लड़कियाँ बताती होंगी तुम्हें कुछ?'

'नहीं, हमारे घर में बाबा ने कभी ऐसा कुछ कहा ही नहीं कि हम लोग कोई वी. आई. पी. हैं। बिल्कुल नॉर्मल सब काम वगैरह चलता रहता था।'

'तुम्हें क्या लगता था बाबा क्या करते हैं?'

'देखिये हमारे स्कूल में किसी के पापा डॉक्टर थे, किसी के इंजिनियर; कोई सरकारी नौकरी करता था। तो मैं सोचती थी कि मेरे बाबा भी वैसा ही कुछ करते हैं।'

'फिर कब पता चला तुम्हें सी. एम. के महत्त्व का?'

'जब जून 1988 में बाबा दूसरी बार सी. एम. बने तब। मैं हायर सेकेंडरी पास करने के बाद जय हिन्द कॉलेज में पढ़ती थी। वहाँ जब लड़के-लड़कियाँ या स्टाफ़ के प्रोफेसर्स मेरे को देखते ही चुप हो जाते या मैडम-मैडम कहने लगते तब मुझे लगता कि यह कोई अलग-सी बात है। फिर घर पर भी ताँता लगा रहता था आने वालों का।'

'कैसा लगता था तब?'

'हमने शुरू से ही ऐसा माहौल देखा था। तो नॉर्मल ही लगता था हमको। यह सब बाबा का रुटीन था। वे सी. एम. हों चाहे न हों, उनके पास हमेशा काम रहता था। भागदौड़ बनी रहती थी।'

'तुमको तो बिल्कुल वक़्त न दे पाते होंगे।'

'नहीं ऐसा नहीं है। बाबा इतने अच्छे हैं कि स्कूल गैदरिंग में भी आने का टाइम निकाल लेते। मैं स्टेज पर से अचानक देखती, अरे ये तो मेरे आई-बाबा बैठे हैं हॉल में। कॉलेज में भी ऐसा ही होता। स्कूल-कॉलेज में जाना, बैठना उनका शौक भी है।'

'तुम्हारे स्टूडेंट-डेज़ में कैसे बाबा रहे वे?'

'फिफ्टी-फिफ्टी। मतलब अच्छे तो बहुत थे पर स्ट्रिक्ट भी बहुत थे। उन्होंने हमारे लिए जो नियम बना दिये उनको मानना ज़रूरी था। जैसे हम कहीं भी हों, सात बजे शाम तक घर आना ही आना है। इसमें मुझे कभी छूट नहीं मिली।'

'अगर कभी देर हुई तो क्या हुआ?'

'देर होने पर ऐसी सख़्त आँख से देखते थे, यों, चुपचाप (सुप्रिया अभिनय करके समझाती हैं)। नहीं, कभी चिल्लाये नहीं पर हम तो बहुत डर जाते थे। इसी तरह फ़ोन के लिए हमारे घर में कायदे थे। रात आठ बजे के बाद कोई फ़ोन न आयेगा, न जायेगा। मतलब मेरा। (तभी सुप्रिया का मोबाइल फ़ोन बज उठता है। वह नम्बर देख कर कान पर लगाती हैं।)'

'हलो सैन्डी, मैं आधा घंटे में पक्का पहुँचती हूँ, ओ. के.।' (सुप्रिया फ़ोन जेब में डाल लेती हैं) 'अब यह आदत भी बाबा से सीखी।'

'क्या?'

'बाबा कहते, फ़ोन खाली सूचना के लिए है, लम्बी गप्पबाजी के लिए नहीं। वे फालतू बातें न करते हैं न हमें करने देते हैं, मेरा ऐसे लाड़ नहीं किया कि मैं सिर चढ़ूँ।'

'अब तुम्हारे बच्चों का लाड़ करते हैं क्या?'

'इतना ज़्यादा कि पूछो मत। रेवती (नातिन) के स्कूल चले जायेंगे। विजय (नाती) पैदा हुआ तो बराबर हॉस्पिटल में मौजूद रहे। रेवती दिल्ली में पैदा हुई।'

'शरद जी की शादी बारामती में हुई? तुम्हारी शादी कहाँ पर हुई?'

'बारामती में ही। यहाँ मुम्बई में प्रीतिभोज हुआ।'

'बहुत शानदार शादी हुई होगी।'

'(चेहरे पर कोमल स्मृतियाँ खेल रही हैं) शादी की रस्म तो सादी ही थी पर बाबा के इतने वी. आई. पी. मित्रों के कारण बहुत बड़ा अवसर बन गया। राष्ट्रपति डॉ. शंकर दयाल शर्मा से लगाकर पब्लिक लाइफ़ की सारी हस्तियाँ आयी थीं। राजीव गाँधी भी आये थे।'

'आई-बाबा को छोड़कर ससुराल जाना तुम्हारे लिए भी काफ़ी कठिन रहा होगा?'

'वह तो था ही। मैं कभी उनसे दूर नहीं रही थी। पहले तो हम विदेश में रह रहे थे। फिर बाद में यहाँ आ गये। हम चाहते थे कि बच्चों की शिक्षा अपने देश में हो।'

'तुम्हारी स्मार्टनेस देख कर ऐसा लगता है जैसे तुम भी शरद जी की तरह,

राजनीति में जाओगी।'

'नहीं, नहीं। मैं राजनीति के लिए नहीं बनी हूँ। मैं और आई खाली चुनाव के समय जनता के सामने आते हैं, वह भी बाबा का प्रचार करने। उस समय बाबा तो अपने चुनाव-क्षेत्र में ज़्यादा वक़्त दे नहीं पाते, उन्हें हर जगह पूरी पार्टी का प्रचार देखना होता है। बारामती में तो वे सारे साल काम करते हैं। वे कहते हैं कि मेरा काम ही मेरा प्रचार है।'

'यह एकदम मौलिक तरीका है सोचने का। आमतौर पर नेताओं को अपने चुनाव-क्षेत्र की याद सिर्फ़ चुनाव में आती है।'

'हम सब तो निरन्तर बारामती जाते हैं। दीवाली पर हमारे गाँव काटेवाडी में हम सब लोग इकट्ठे होते हैं। वी आर ए बिग फैमिली। 110 के करीब तो परिवार के सदस्य हैं। फिर मेहमान लोग।'

'इतने लोगों का खाने वाने का इन्तज़ाम कौन करता है?'

'सब मिल कर करते हैं। जिसको जो आता है, पकाता है। यहाँ तक कि मिठाई भी बाज़ार से नहीं आती। चाची, बुआ, बहिणी मिल बैठकर जो बनाती हैं, वही बाबा खायेंगे, खिलायेंगे। जैसे अनरसा, मीठा सेव, जलेबी।'

'शरद जी का पसन्दीदा भोजन कैसा होता है?'

'उनको नॉनवेज पसन्द है पर बहुत थोड़ा-सा खायेंगे।'

'हर साल काटेवाडी में दीवाली होती है आपकी। अगर परिवार में किसी का कोई और प्रोग्राम बन जाये?'

'बिल्कुल नहीं। यह परम्परा हमारी आजी (दादी माँ) ने शुरू की थी कि पवार फैमिली दुनिया में कहीं भी हो, दीवाली पर घर आना ही आना है। दरअसल हमारे परिवार में सब इतने व्यस्त रहते हैं, सभी किसी न किसी सामाजिक या सार्वजनिक भूमिका में सक्रिय हैं। ऐसे में अगर यह परम्परा भी छोड़ दें तो कभी मिल ही नहीं पायेंगे। इससे काटेवाडी, बारामती के लोगों को भी बड़ी प्रेरणा मिलती है। हमारा गेट-टुगैदर लोगों को सही सामाजिक सन्देश देता है। इसीलिए लोग बाबा को इतना चाहते हैं। बाबा ने परिवार की परम्परा को जीवित भी रखा है और विकसित भी किया है। एक सार्वजनिक व्यक्ति में इतने घरेलू गुण भी हों ऐसा कम होता है। मित्र-संवाद, परिवार-संवाद सब दीवाली-मिलन में होता है।'

'तुम्हें अपने बाबा का सबसे अच्छा पक्ष क्या लगता है?'

'यही। जो मैं बता रही हूँ। उनका मानवीय पक्ष। वे कहीं भी हों, कितने भी व्यस्त हों, मेरे जन्मदिन पर घर ज़रूर आयेंगे। इधर तो मैं इसी बिल्डिंग में ऊपर

की मंज़िल पर आ गयी हूँ। यह भी मैंने बाबा की सहूलियत के लिए किया। जब मुम्बई में वे होते हैं तो रात में चाहे कितनी भी देर में लौटें, पहले ऊपर आ कर मुझसे मिलेंगे, उसके बाद ही आराम करने जायेंगे।'

'और क्या शगल रहता है पिता-पुत्री का?'

'कभी बाबा के पास थोड़ी फुर्सत होती है तो हम, आई, बाबा सब मिल कर नाटक देखने जाते हैं। कभी वे हम दोनों को किसी लेटेस्ट बुक के बारे में बताते हैं। कभी मेरे कामकाज की चर्चा करते हैं। राजनीति में मेरी कोई दिलचस्पी नहीं, पर बाबा चाहते हैं कि मैं भी किसी न किसी क्षेत्र में नाम कमाऊँ। ऐसे असाधारण, विलक्षण पिता पर मुझे बेहद अभिमान है। आय एम ए लकी गर्ल, टचवुड।' (मैं भाग्यशाली लड़की हूँ, चश्मेबद्दूर।)

Wishing You All

बारामती का बदलाव

पवार साहब की बातों में पुणे और बारामती कर ज़िक्र बार-बार आता था। मेरा मन हुआ एक बार बारामती घूम कर आया जाय। पुणे तो मैं कई बार गया था मगर बारामती का केवल वर्णन सुना था। बारामती पुणे का ही हिस्सा है।

पुणे कोई कम प्राचीन नगर नहीं है। सौ साल तक पुणे, मराठा साम्राज्य की राजधानी रहा। यहाँ संगठित कृषि, उद्योग और राज्य व्यवस्था के पुरातन संकेत और अवशेष मिलते हैं। उनसे पता चलता है कि दक्कन के राजा जुन्नर नामक स्थान में रह कर अपना राजकाज संचालन करते थे। निकटवर्ती जगहें भोर और नानाघाट भी संचार व्यवस्था में सहयोग करते। जुन्नर से वाणिज्य की गतिविधि भी चलती।

चाकन और नीरा के मध्य का समस्त भू-भाग पुणे ज़िले में आता है। लेकिन इतने नदी-नालों वाले इस क्षेत्र में बारामती का तालुका कच्छ के रन की तरह एकदम सूखाग्रस्त रहा। यहाँ रबी और खरीफ़ की अलग-अलग फ़सलें बोयी तो जाती हैं लेकिन दोनों ही फ़सलों को सूखे का सामना करना पड़ता है।

एक लिहाज़ से पुणे और बारामती एक-दूसरे के विलोम भी हैं। पुणे मराठी भाषा, साहित्य, संस्कृति और कला का गढ़ माना जाता है। यहाँ के निवासी प्रायः पुस्तक-प्रेमी, संगीत-रसिक और कला-मर्मज्ञ होते हैं। उनमें अपनी शैक्षिक और शास्त्रीय विरासत के लिए अभिमान की भावना होती है। शिक्षण, अध्ययन; संगीत साधना, अभिनय और नाट्य निर्देशन इनके प्रिय अध्यवसाय हैं।

पुणे स्वाधीनता संग्राम के सूत्रधार और समाज सुधार के उन्नायक, महादेव गोविन्द रानाडे, गोपालकृष्ण गोखले और बाल गंगाधर तिलक की कर्मभूमि रही है। महात्मा गाँधी गोखले को अपना गुरु मानते थे। उनकी दी हुई कई नसीहतें महात्मा गाँधी की मार्गदर्शक बनीं, जैसे साम्प्रदायिक सद्भाव और सामाजिक समानता, शिक्षा, स्वास्थ्य और स्वच्छता की आवश्यकता।

बाल गंगाधर तिलक का आक्रामक राष्ट्रवादी तेवर महात्मा गाँधी के

अहिंसात्मक आन्दोलन का विलोम था किन्तु उनका दिया 'स्वदेशी' का नारा गाँधी जी ने 'खादी' के रूप में स्वीकार किया। तिलक का गर्म ख़ून कांग्रेस की ढुलमुल नीतियों के विरुद्ध था। कांग्रेस के पुणे अधिवेशन में एक बार तिलक के समर्थक कांग्रेसियों से इसी बात पर भिड़ पड़े कि जब कांग्रेस सामाजिक विकास के लिए देश में कुछ नहीं कर पा रही है तब समाज विकास का सम्मेलन उसके पण्डाल में क्यों हो रहा है। मामला और भड़कता, इसके पहले सभापति सुरेन्द्रनाथ बनर्जी ने रानाडे को समझा-बुझा कर समाज विकास सम्मेलन का सभास्थल बदलवाया।

ड्राइवर से हमारा परिचय हुआ, 'यह अनन्त येड़े बारामती का है। आपको बारामती पर जो भी पूछना हो इससे पूछ सकते हैं, चलता फिरता एनसाइक्लोपीडिया है यह। इसको ऋषिकेश नाम से भी बुलाते हैं।'

येड़े मुश्किल से चौबीस-पच्चीस साल का, स्मार्ट-सा नौजवान था। ऐसा लगता कि उसे अन्दाज़ा था कि हमें बारामती देखनी है। वह हर जानकारी देने को तत्पर था।

शहर से बाहर पहुँचते ही सड़क के दोनों ओर हरियाली का सिलसिला शुरू हो गया।

मैंने कहा, 'दो घंटे में हम बारामती पहुँच जायेंगे, पर हरियाली और खुशहाली तो अभी से दिखेगी।'

येड़े ने कहा, 'पहले पाटस आयेंगा। फिर दौंड दिखेंगा। दौंड में रेलवे स्टेशन है। बड़ी लाइन की गाड़ी भी चलती इधर। दौंड में से रास्ता जाता चीनी मिल का। देखने का तो पहले उधर ले लेता मी।'

मैंने कहा, 'पहले हमें घर छोड़ दो।'

'यस सर', येड़े ने हँसते हुए कहा।

पूरे रास्ते हमें गन्ने से लदी बैलगाड़ियाँ मिलती रहीं। उत्तर प्रदेश की बैलगाड़ियों से ये बैलगाड़ियाँ एकदम अलग थीं। इनमें जुते हुए बैल हृष्ट-पुष्ट थे। उनके सींग रंगे हुए थे—लाल, हरे, कत्थई, फिरोज़ी। गले में मोटे मनकों की माला। बैलगाड़ियाँ ताँगों की तरह तेज़ी से चल रही थीं। येड़े ने कहा, 'साहेब ने पहली बार लोहे लकड़ी के पहिये की जगह रबड़ के पहिये लगवाये। बोले, रबड़ टायर होने से सड़क नहीं कटती।'

'साहेब यानी?' मैंने पूछा।

'पवार साहेब। और कौन साहेब है इधर।' येड़े ने कहा।

बारामती, पुणे से दक्खिन-पूर्व कड़ा नदी के किनारे 1791 फीट की ऊँचाई

पर बसा है। इसके नाम के विषय में, सुविज्ञ बताते हैं, कि बारामती में बारह प्रकार की मिट्टी पायी जाती है। वहाँ की धरती पर कहीं काली माटी है तो कहीं लाल, कहीं भूरी तो कहीं कत्थई। कहीं यही मिट्टी बलुई है तो कहीं बजरी से भरी और कहीं चूनायुक्त। इसी से इसका नाम बारामती पड़ा।

गेहूँ, चना, ज्वार, गन्ना काली माटी में पैदा होता है। लाल मिट्टी में चावल, बाजरा, मक्का, मूँगफली, मिर्च, आलू, मूली, बैंगन, टमाटर, ककड़ी उगती है। पत्तेदार सब्ज़ी भी इसी मिट्टी में होती है। जहाँ ज़मीन पथरीली है वहाँ फल-फूल उगाए जाते हैं। लेकिन बारामती की मुख्य पैदावार ऊस अर्थात् गन्ना ही है।

यहाँ मीलों-मील ऊस की लम्बी घनी फ़सल की हरियाली कच्चे-पक्के रास्तों के साथ-साथ चलती है। ऊस की खेती से बारामती में खुशी और खुशहाली, आत्मनिर्भरता और आत्मविश्वास पैदा हुआ है। सबसे ज़्यादा ऊस पैदा भी यहीं होता है। उसके बाद नम्बर आता है इन्दापुर और दौंड का।

वैसे बारिश यहाँ हमेशा दग़ा दे जाती है। नहर, बाँध, ताल कोई भी प्रबन्ध पर्याप्त नहीं होता। थोड़े साल वर्षा ठीक होती है तो काम किसी तरह चल जाता है। फिर अचानक एक साल ऐसा दग़ा दे जाती है कि चारों ओर सूखा ही सूखा छा जाता है। अकाल की स्थिति आ जाती है। सन् 1876 से 1908 तक का समय बारामती में काल-अकाल कहलाता है। 1972-1974 का अकाल भी इस क्षेत्र ने झेला है।

जबसे शरद ने होश सँभाला उन्होंने पाया कि उनके परिवार में रुपये-पैसे, धन-दौलत से कहीं ज़्यादा महत्त्व ज़ल को दिया जाता है। उन्होंने अपने खेतों पर नज़र दौड़ाई और समझ लिया कि सूखे से दरकती, इस धरती की प्यास बुझाने के लिए उन्हें खुद भागीरथ बनना पड़ेगा।

आश्चर्य कि इस इलाके में पानी की इतनी कमी है तो फिर गन्ने की खेती कैसे होती होगी।

येड़े कहता है, 'अभी मैं आपको पाझर टैंक दिखायेगा। उसी से शेती (खेती) होता यहाँ।'

मुकुल समझाते हैं, 'साहेब ने अपने गाँव काटेवाडी में सबसे पहले यह प्रयोग किया। गाँव वालों ने उनका सहयोग किया। उन्होंने सबकी मदद से ऐसा परकोलेशन टैंक तैयार किया जिसमें बरसात का पानी पहले जमा हो जाता है और बाद में धीरे-धीरे खेती के काम में आता है। इन निष्कर्षण टंकियों में वर्षा के समय के पानी को बालू, कंकड़ और मुरम की तहों से गुज़ार कर इकट्ठा करते हैं और आगे के सूखाग्रस्त महीनों में सिंचाई के काम में लेते हैं।' येड़े ने अपनी

तरफ़ से जोड़ा, 'जमी पाझर टैंक बनवाया, साहेब ने सब काम करने वालों को अनाज की मजूरी दिलवाया। पैंतालीस गाँव में ऐसा टैंक बनेला है।'

इस काम में शरद पवार को लोगों का पूरा सहयोग मिला। गाँव वालों में नयी आशा का संचार हुआ। अगले बीस वर्षों में गाँववालों ने 300 निष्कर्षण टैंक बना डाले जिनसे 3000 कुओं को पानी मिलने लगा। शरद को लगा, अच्छी खेती के लिए सबसे पहले बारामती के किसानों का कृषि सम्बन्धी असुविधाओं से मुक्त करना होगा। आख़िर कब तक किसान केवल दो हाथों के बल पर कठोर धरती के सीने पर हल चलायेगा। कभी उसके पास बीज नहीं है तो कभी हल, कभी उसकी खड़ी फ़सल जानवर चर जाते हैं तो कभी उस पर पाला पड़ जाता है। किसानों की सहायता के लिए शरद पवार ने बारामती में कृषि विकास प्रतिष्ठान की स्थापना की। इसी के साथ-साथ उन्होंने बारामती कृषि अनुसन्धान प्रतिष्ठान का भी आरम्भ किया। उनके बड़े भाई अप्पा साहेब पवार ने इन संस्थानों को अपने कृषि-विज्ञान की दीर्घ अनुभव सम्पन्नता से और भी चमका दिया। अप्पा साहेब पवार को उनकी विशिष्ट सेवाओं के सम्मान में अनेक राष्ट्रीय और राज्य स्तर के पुरस्कारों से नवाज़ा गया। उन्हें डॉक्टर ऑफ साइंस और डॉक्टर ऑफ लैटर्स की पदवी से विभूषित किया गया। शरद को कृषि-रत्न और कृषि-भूषण सम्मान भी प्राप्त हुए। शरद जी राज्य सरकार से लेकर केन्द्र सरकार तक मन्त्रिमण्डल के उच्च और शक्तिशाली पदों पर प्रतिष्ठित रहे पर उन्होंने उस तथ्य को कभी आँख से ओझल नहीं होने दिया कि वे सबसे पहले धरती-पुत्र हैं, किसान के वंशज। वे कभी नहीं भूलते कि उनकी असली ज़मीन बारामती ही है। यहाँ तक कि 10 जून 2003 को देहरादून में राष्ट्रवादी कांग्रेस पार्टी की रैली में उन्होंने नारा दिया 'किसान बचाओ, देश बचाओ।'

महात्मा गाँधी और पंडित नेहरू के समान शरद पवार यह बात भली-भाँति जानते हैं कि जब तक हमारे देश का किसान खुशहाल नहीं होगा, हम कभी तरक्की नहीं कर सकेंगे। उत्तम खेती और उत्कृष्ट पैदावार हमारी पहली ज़रूरत है। इसके लिए उन्होंने बीज-परीक्षण, कृषि-पद्धति में सुधार, वृक्षारोपण, फल-उत्पादन वृहद स्तर पर आरम्भ किया। उन्होंने इस कार्यक्रम को सहकारिता आन्दोलन से जोड़ दिया। बारामती में जैसे जादू की छड़ी घूम गयी और हर घर सुख-समृद्धि से सम्पन्न हो गया।

गन्ने को महाराष्ट्र में ऊस कहते हैं। गन्ने और महाराष्ट्र का अभिन्न नाता है। कहते हैं कि पुणे ज़िले में हडपसर और कोलावाडी इलाकों में नाना फडणवीस ने गन्ने की पैदावार को इसलिए बढ़ावा दिया था ताकि उनके दरबार के हाथियों

को प्रतिदिन गन्ने की मनपसन्द खुराक मिलती रहे। उन्नीसवीं शताब्दी में मॉरिशस का गन्ना जुन्नर तालुका में पहली बार बोया गया। यहाँ की मिट्टी इस बीज को रास आयी और यह पनपता गया। आज बारामती की धरती पर सर्वाधिक क्षेत्रफल में गन्ने की ही खेती होती है।

गन्ने की खेती के साथ एक समस्या यह है कि इसमें धरती का क्षरण बड़ी जल्दी हो जाता है। बीच-बीच में और फ़सलें उगानी पड़ती हैं ताकि धरती एकदम बंजर न हो जाय। महाराष्ट्र का किसान अपने आप को कृषि का राजा मानता है, शेतकरी राजा। किन्तु बारामती में वह प्रकृति के हाथों मजबूर है। कभी यहाँ सूखा पड़ जाता है, कभी यहाँ पानी पानी हो जाता है। भारतवर्ष और ख़ासकर महाराष्ट्र की अर्थ-व्यवस्था गन्ने और दूध उद्योग पर निर्भर है। यह दोनों कृषि-आधारित उद्योग हैं। फिर गन्ने से चीनी बनने के दौरान कुछ अन्य उप-पदार्थ भी निकलते हैं जिनसे सहवर्ती उद्योग अपना अस्तित्व पाते हैं। इसकी अपार सम्भावनाएँ समझते हुए ही महाराष्ट्र के किसानों ने अपने स्वयं के संसाधनों और चन्दे से वसन्तदादा शुगर इंस्टीट्यूट बनवाया। वे अपनी खुशी से अपने पैसों में से 7 रुपया प्रति क्विण्टल दान देते हैं ताकि यह संस्थान चले। सहकारिता के सिद्धान्त पर चलने वाली यह विश्व की इकलौती संस्था है जहाँ कृषि तन्त्र, चीनी निर्माण तन्त्र और इलेक्ट्रॉनिक्स के क्षेत्र में काम होता है।

मन में एक धुँधला सा नक्शा था कि पुणे और बारामती में क्या-क्या देखना है। इसलिए बारामती में काफ़ी दिन बिताये। एक खोजी पत्रकार की मानसिकता से लैस, मैं सोचता था, मैं कोई न कोई ऐसी अन्धी, अँधेरी गली ज़रूर ढूँढ़ निकालूँगा जहाँ शरद पवार का जादू और जलवा नहीं पहुँचा होगा। लेकिन मुझे रोज़ निराश होना पड़ता।

महाराष्ट्र का किसान जिस वक़्त काम में संलग्न होता है, ज़्यादा वार्तालाप, विचार-विमर्श पसन्द नहीं करता। उसके ज़िम्मे तरह-तरह के काम होते हैं। सूर्योदय से सूर्यास्त तक वह व्यस्त रहता है। ऐसे में मैं अपने प्रश्नों के मुँह पर उँगली रखता गया। लेकिन जहाँ कहीं भी खेती से दो घड़ी सुस्ताते लोग दिखे, मैंने अपनी कॉपी पेन्सिल निकाल ली।

'क्या उगा रहे हैं इस बार।'

नारायण राव उलझन से मेरी मूर्ख जिज्ञासा झेलते हैं, 'हम तो हमेशा तूतीच लगाते।'

'तूती मतलब?'

येड़े बताता है, 'तूती के पत्तों पर रेशम का कीड़ा पाल कर रेशम बनता है।'

'ओह शहतूत।'

नारायण फार्म के दूसरी ओर चले जाते हैं।

मैं समझ जाता हूँ कि बारामती में टूरिस्ट की तरह नहीं घूमा जा सकता।

शहतूत की खेती और रेशम के काम के लिए मालेगाँव जाना जाता है। लेकिन इसकी सबसे ज़्यादा ख्याति मालेगाँव चीनी मिल की वजह से है। उत्तर प्रदेश के बाद गन्ना उत्पादन में महाराष्ट्र का ही नाम आता है। इस कैश क्रॉप अर्थात मिट्टी से सोना की सार्थकता शरद पवार समझते हैं और उन्होंने महाराष्ट्र के किसान को उसके फायदे और कायदे भलीभाँति समझा दिये हैं।

उन्हीं की गतिशीलता और प्रतिभा से महाराष्ट्र के किसान सहकारिता में विश्वास करते हैं और सब किसी न किसी सहकारी चीनी मिल के सदस्य हैं। सहकारी चीनी मिल का उद्देश्य होता है कि किसान को गन्ने का उचित मूल्य मिले। इसलिए वह किसान से गन्ना लेकर चीनी का उत्पादन कर, उसे बेच कर अपना उत्पादन खर्च अलग कर, बाकी रकम गन्ने की क़ीमत के रूप में किसानों को दे देती है। सहकारी मिल को उत्पादक और उपभोक्ता के बीच सन्तुलन बनाये रखना होता है। जहाँ उपभोक्ता अथवा बाज़ार चीनी के क्रय-मूल्य में अनावश्यक दबाव डालता है वहाँ इसका प्रतिकूल प्रभाव सीधे गन्ना किसान पर पड़ता है। शरद पवार गन्ना उत्पादन और सहकारिता-चक्र की सभी सीमाएँ और सामर्थ्य पहचानते हैं। वे दोनों के प्रति सचेत रहते हैं।

वे स्वयं कहते हैं कि हमारे देश में कृषि की इतनी सामर्थ्य है फिर भी कितनी शर्म की बात है कि हमारा किसान, कई राज्यों में, अपने श्रम का मुआवज़ा न मिलने की वजह से आत्महत्या कर लेता है। हमारी कृषि-नीति को ठीक से लागू नहीं किया गया है। पुरानी नीति अप्रांसगिक हो चुकी थी, नयी अभी लागू नहीं की गयी। तो इस बीच के समय में किसान आत्महत्या न करे तो क्या करे, कहाँ जाय। हमारे देश की सत्तर प्रतिशत जनता कृषि कार्य पर गुज़र-बसर करती है। लेकिन लगातार बढ़ती जनसंख्या के कारण हमारी आर्थिक नीति का बंटाधार हो रहा है। कृषि नीति निर्धारित करते समय हमें इन बदलती स्थितियों का भी ध्यान रखना चाहिए। जब मैं मुख्यमन्त्री था तब मैंने खाद्यान्न के अभाव और अनापूर्ति पर पंजाब तथा हरियाणा के मुख्यमन्त्रियों से चर्चा की। लेकिन आज समस्या विपरीत है। आज कृषि उत्पादन तो बढ़ गया है लेकिन उसके भण्डारण और रख-रखाव का अभाव है। गोदाम भरे पड़े हैं। सवाल यह उठता है कि नया अनाज कहाँ रखा जाय? विश्व व्यवस्था में हमें अपने कृषि उत्पादों के लिए नया बाज़ार ढूँढ़ना होगा। आज चीनी, दूध और सब्ज़ियों के उत्पादन में हमारा देश

बहुत तरक्की कर गया है। यह अच्छी बात है पर हमारे यहाँ खेतों में काम करने वालों की संख्या अन्य देशों में कृषिकार्य करने वालों से बहुत ज़्यादा है। उत्पादन उसके हिसाब से कम है। जैसे हम एक-एकड़ पर 12 अथवा 25 टन गन्ना उगाते हैं जबकि विदेश में एक-एकड़ से 60 या 70 टन गन्ना पैदा होता है। हमें खेती-सुधार की ओर तत्काल ध्यान देना चाहिए। गन्ने की गुणवत्ता पर भी हमें ग़ौर करना होगा अन्तर्राष्ट्रीय बाज़ार में चीनी का मूल्य 950 रुपये प्रति क्विण्टल है। हम चीनी-उत्पादन पर रु. 650 प्रति क्विण्टल खर्च करते हैं। गन्ना-किसान को गन्ने का उचित मूल्य तभी मिल सकता है जब चीनी का दाम रु. 1300/- या रु. 1400/- प्रति क्विण्टल होगा।

वैसे मैंने मालेगाँव में घूम-घूम कर जितने भी किसानों से बात की सभी ने इस सहकारी मिल के कामकाज के प्रति सन्तोष दिखाया। उन्होंने बताया कि माल देने और पैसा मिलने में तीन हफ़्ते का समय और तीन किस्त में रकम तय रहती है और इनका सलीके से पालन होता है। रामदास, लक्ष्मण, दिघे, मोरे सबने इस बात की ताईद की।

शरद पवार गन्ना और चीनी उत्पादन को, भारतवर्ष के प्रमुख उद्योग का दर्ज़ा देते हैं इसीलिए उनके प्रयास से सन् 1975 में 'वसन्त दादा शुगर रिसर्च इंस्टीट्यूट' की पुनःस्थापना हुई। इसके पहले यह संस्था 'दक्कन चीनी संस्थान' के नाम से जानी जाती थी। इसमें महाराष्ट्र की सभी सहकारी चीनी मिलों ने सहयोग किया। इस संस्थान में एक ही छत के नीचे प्रशिक्षण, शिक्षण, अनुसन्धान और तकनीकी विकास जैसे कार्यक्रम निष्पादित किए जाते हैं। गन्ने और चीनी से सम्बन्धित जितने भी पहलू हैं, यहाँ भली-भाँति देखे और विकसित किये जाते हैं। यहाँ अपने देश के विद्यार्थियों के साथ-साथ युगांडा, केन्या, तंजानिया, श्रीलंका, सुडान, वियतनाम और इथिओपिया के छात्र भी प्रशिक्षण पाते हैं। यहाँ के पाठ्यक्रम में अकादमिक और तकनीकी विकास के नवीनतम अध्याय सम्मिलित हैं।

जल्द ही एक दिन वसन्त दादा शुगर इंस्टीट्यूट जाने का मौक़ा मिला। पुणे ज़िले के मांजरी ब्लॉक में यह एक बेहद ख़ूबसूरत, खुशनुमा परिसर है। मूला मूठा नदी के तट पर इसकी प्रभावशाली इमारत और पुष्प-पल्लवित हरे-भरे लॉन, स्वच्छ कक्ष व गलियारे एक-दूसरे से जैसे सुरुचि की स्पर्धा चलाते हैं। संस्था के महानिदेशक श्री. वी. पी. राणे तुरन्त अपने कार्यालय से संस्था के परिपत्र, पत्रिकाएँ और सी. डी. दिलवाते हैं। शुगर तकनीकी के विशेषज्ञों के साथ शुगर यान्त्रिकी की समूची प्रक्रिया को सिलसिलेवार समझने का हम भरसक प्रयास करते हैं। टिश्यू कलचर की तकनीक बड़ी दिलचस्प लगती है। इस तकनीक में

गन्ने के पौधे के किसी भी हिस्से से, प्रयोगशाला में गन्ना उगाया जा सकता है। इससे गन्ने की गढ़त, बढ़त और मिठास तीनों में सुधार लाया जाता है। संस्था इस तकनीक से बनी गन्ने की पौध प्रत्यारोपण के लिए बाहर भी भेजती है। दूसरा दिलचस्प पाठ्यक्रम है इण्डस्ट्रियल फरमेंटेशन और अल्कॉहल तकनीकी। इसके छात्रों को वर्ष भर प्रमुख चीनी संस्थान और डिस्टिलरी में प्रशिक्षण दिया जाता है। इस संस्थान में मधुमेह पीड़ित व्यक्तियों के लिए ऐसी चीनी बनाने पर शोध चल रहा है जिसे ख़ाने से रक्त-शर्करा का स्तर नहीं चढ़ता।

मैंने येड़े से कहा, 'मुझे वापस पुणे छोड़ दो, तुम्हारी भी छुट्टी हो जाय।'

येड़े ने गरदन हिला दी, 'नहीं सर, अभी आपने बारामती का एक बटे दस भी नहीं देखा। आप वापस कैसे जायेंगे।'

'मुझे अन्दाज़ा हो गया है।' मैंने कहा।

'कोई भी चीज़ में जब तक घुसें नहीं, अन्दाज़ा नहीं होता, मैं आपको दिखायेगा न बरोबर। आप साहेब पर कोई बुक-वुक लिखने वाले क्या?'

मैंने जवाब स्थगित किया। जब तक पुस्तक पूरी न हो जाय, कौन कह सकता है कि वह लिखी भी जायेगी या नहीं। फिर शरद पवार जी पर लिखना कोई आसान काम है क्या। इतना विराट उनका व्यक्तित्व और कृतित्व चन्द पृष्ठों में कैसे समेटा जा सकता है। होना तो यह चाहिए कि उनके हर पहलू पर एक-एक पुस्तक लिखी जाय। जैसे शिक्षाशास्त्री शरद पवार, अर्थवेत्ता शरद पवार, सहकारिता की मशाल शरद पवार, उद्यम प्रणेता शरद पवार, आपदा निवारक शरद पवार, खेल-खिलाड़ी शरद पवार...। शरद जी ने महाराष्ट्र के निर्माण में इतने मोर्चों पर अथक परिश्रम किया है कि आने वाली सदियाँ और पीढ़ियाँ ही इसका सही आकलन करेंगी। इस दृष्टि से वे युगपुरुष माने जा सकते हैं।

कोई भी जननेता तभी सफल माना जाता है जब उसका जनाधार व्यापक और विपुल हो। शरद पवार ने यह विलक्षण कार्य कर दिखाया है। बारामती से लेकर मुम्बई तक बच्चा-बच्चा उनके नाम और काम से परिचित है। उनका नाम सुनकर नौजवान उत्साह से भर जाते हैं और बड़े-बूढ़ों के चेहरों पर चाव उभर आता है। जन-मन का जुड़ाव शरद पवार की असली अर्जित पूँजी है।

येड़े बात करने के लिए कसमसा रहा है। वह बार-बार पीछे मुड़ कर देखता है। एक जगह हम नीरा पीने के लिए ठहरते हैं। अब मैं येड़े के पास आगे बैठ जाता हूँ।

येड़े दसवीं पास है। उसका स्कूल का नाम अनन्त येड़े है लेकिन सबके मुँह पर उसके घर का नाम चढ़ा है। बुलाने का नाम है ऋषिकेश। मध्यम क़द का

नवयुवक है–रंग गेहुआँ, सुन्दर नाक-नक्श और उत्फुल्ल मुद्रा। विद्या-प्रतिष्ठान, बारामती की क्वालिस चलाता है। हिन्दी बोल लेता है, मराठी लहजे में थोड़ी ग़लत-सलत अंग्रेज़ी मिला कर अपने विचारों को ज़ाहिर करने की कोशिश करता है।

'साहब के साथ मेरा एक एक्सप्रेस है, लिखेंगा क्या?'

'क्या?'

'एक्सप्रेस बोलने से जो मेरे साथ हुएला वह।'

'एक्सपीरियेंस, अनुभव!'

'हाँ वोईच मैं बोला न, एक्सप्रेस। मेरे पास कोई काम वीम नहीं था। यह 1995 की बात है। सबने मेरे को बोला, साहेब से कहकर नौकरी तपास करो। मेरा हिम्मत नहीं पड़ता था। फिर जभी साहेब बारामती आते तो मिलनेवालों का बहुत गर्दी होती। लोग ऐसा बाहीं निकाल कर अपना काग़ज़ देते। मैंने बोला, अपने आप से बोला, येड़े तेरा नम्बर कमीच नईं आणे वाला, तू अइसे ही लिमटेक में पड़ा-पड़ा पाथर बण जायेगा। तू दिल्ली जा कर साहेब के हाथ में काग़ज़ दे।'

मैं टोकता हूँ, 'डाक से काग़ज़ नहीं भेज सकते थे क्या?'

'नईं, मेरे को मालूम बड़े लोग अपना डाक वीक अपने हाथ से खोलता नहीं। मेरा काग़ज़ कचरापेटी में चले जाता।'

'फिर तुमने क्या किया?'

'मैंने पिताजी से रुपया लिया और दौंड से दो सौ साठ रुपये का टिकट कटा कर मैं दिल्ली की गाड़ी में बैठ गया। जनरल डब्बा था। उसमें बहुत मारामारी थी। अगले रोज़ आठ बजे रात मैं दिल्ली पहुँच गया।'

'साहेब का पता मालूम था तुम्हें?'

'नईं। मेरे को बस येइच मालूम था कि साहेब उदर पार्लियामेंट में बैठता।'

'पूछते-पूछते मैं रात ग्यारह बजे पार्लियामेंट पहुँच गया। वहाँ सिपाही लोग मेरे को रोकने लगे। मैं बोला मेरे को साहेब से मिलना माँगता।' 'कौन साहेब' वे लोग पूछा। 'इदर मेरे को साहेब का आक्खा नाम बोलना पड़ा। अपने बारामती में तो साहेब बोलने से सब समझ जाते हैं। साहेब म्हणजे पवार साहेब।'

'रात में तो वहाँ कोई नहीं होगा।'

'नईं सर। बहौत देर मैं इधर-उधर खड़ा रहा। तबी किसी ने मेरे को उनका दीनदयाल उपाध्याय रोड वाला ठिकाना बताया।'

'पैसा मेरे कने या नहीं। पैदल चलते-चलते मेरे पाँव दुखने लगे। रात बारह बजे के बाद मैं उनके बँगले में पहुँचा।'

'पहले वर्दी वालों ने दूर से ही मेरे को हकाल दिया। मेरे को गुस्सा आ गया। मैं बोला तुम चौकीदार हो या चिकवा हो। मैं साहेब के गाँव का हूँ और उनसे मिलना माँगता। मेरा ऊँचा आवाज़ सुन कर उनके दफ़्तर के अन्दर से दो आदमी निकल कर आये। वे बोले, साहब तो आज शहर से बाहर गये हैं। दो दिन बाद आयेंगे। तुम जाओ, दो दिन बाद आना।'

मैं अड़ गया। मैं बोला, 'दो दिन लगे चाहे दो महीने, मेरा मिलना तो एकदम मस्ट है।'

गर्मियों के दिन थे; गेट से ज़रा हटकर मैं एक पेड़ के नीचे लेट गया।

अगले दिन दफ़्तर के लोग मेरे को देख कर बोले, 'जाओ इधर क्या करने आया? जाओ।'

मैं बोला मैं नईं जायेंगा। फिर दफ़्तर वाला एक साहेब मेरे को खाना वीना खिलाया। ऐसइच दो दिन निकाला मैंने। तीसरे दिन साहेब आया। किरण साब ने अन्दर जाकर बोला, 'आपके बारामती क्षेत्र का एक लड़का आया बैठा है तीन रोज़ से। यही रट लगाये है कि साहेब से मिल कर ही जाऊँगा।'

शरद जी कई दिन बाद लौटे थे। उस वक़्त रात के बारह बजे थे। उनकी आँखें नींद से बोझिल थीं और वे थकान से चूर थे। एक क्षण को उनका मन हुआ कि कह दें कि उससे काग़ज़ लेकर तुम रख लो, सुबह मुझे दिखा देना। अगले ही क्षण उनका मन करुणा से भर आया। न जाने कौन आया है, किस मुसीबत में पड़ा है। बारामती से चल कर कोई फिजूल किसी के पास क्यों आयेगा। इतने दिन जाने कितनी आस से मेरी राह देखी होगी उसने।

'उसे भेज दो मेरे पास,' साहेब ने कहा।

'पर साहब अभी आपने हाथ-मुँह तक नहीं धोया है, खाना भी नहीं खाया है?' किरण साब ने कहा।

'मैंने कहा न पहले उसे भेज दो।'

अनन्त येड़े को अन्दर भेजा गया। चार दिनों में उसके कपड़े बेहद मैले हो गये थे, चेहरे पर हज़ामत बढ़ गयी थी, बाल बेतरतीब और आँखें थकान से निस्तेज हो गयी थीं। उसने झुक कर अपने त्राता और विघ्नहर्ता को प्रणाम किया।

शरद का मन भीग आया। उन्होंने पूछा, 'तुमने खाना खाया?'

येड़े ने कहा, 'जी खाया भी और नहीं भी खाया।'

'मतलब?'

'वह किरण साब मेरे को छुपाकर खाना लाके दिया। उनका मी (मैं) आभारी आहे पर छुप-छुप के खाने से पेट नहीं भरता साहेब।' शरद ने तुरन्त एक सेवक

को बुलाया, 'इसको नहाने के लिए कपड़े और साबुन दो। इसके खाने का इन्तज़ाम करो।'

घर का एक-एक सदस्य शरद जी के इशारे और इच्छा का पालन करता है। तत्काल येड़े को धुले हुए कपड़े और साबुन पकड़ाया गया।

नहा-धोकर येड़े एक बार फिर उनके सामने आया। अब वह थोड़ा हल्का महसूस कर रहा था। शरद जी ने उसे ध्यान से देखा। बीस-इक्कीस साल का ख़ूबसूरत जवान, सन्तरे के पेड़ जैसा दबता हुआ क़द, सुबह दस बजे की धूप-सा खिलता हुआ रंग, शिक्षा दसवीं उत्तीर्ण और उसकी आँखों में, अपनी बात कह सकने का निश्चय और विश्वास। अनन्त येड़े ने काँपते हाथों से अपने आवेदन-पत्र की छायाप्रति शरद जी के आगे प्रस्तुत की।

शरद जी ने काग़ज़ नहीं थामा। उनकी आँखों की नींद उड़ चुकी थी। वे बोले, 'तुम भोजन करो।' अपने सामने बैठाकर उन्होंने येड़े को भोजन करवाया। 'अतिथि देवो भव' की प्राचीन परम्परा का निर्वाह करते हुए। उसके तृप्त हो जाने के बाद ही शरद जी ने सामने मेज पर परोसी हुई अपनी थाली को हाथ लगाया। यह बिल्कुल वही भोजन था जो येड़े की थाली में था।

शरद जी ने उस लड़के की अर्जी रख ली। येड़े ने कोई पेशवाओं की जागीर नहीं चाही थी। बारामती के सरकारी दफ़्तर में चपरासी की नौकरी का उम्मीदवार था वह। उसका चयन भी हो गया लेकिन एक प्रत्याशी ने उस नियुक्ति के विरुद्ध स्थगन आदेश ले लिया और येड़े की नौकरी लगते-लगते छूट गयी।

लेकिन शरद जी अनन्त येड़े को भूले नहीं थे। उन्होंने तत्काल उसे बारामती विद्या प्रतिष्ठान में ड्राइवर के पद पर नियुक्त कर उसका संकट निवारण किया।

येड़े इस नौकरी में मस्त है। कहता है, 'बस अपनी एक ही हसरत रह गयी। मैं पायलट बनना चाहता था। पर पायलट की पढ़ाई बहुत महँगी। मेरा बाप रैयत प्रतिष्ठान के स्कूल में पढ़ाता है। इतना रुपया लाखों रुपया फीस का वह कहाँ से लायेंगा।'

घूमने की इतनी थकान थी कि शाम सात बजे से मैं अपने कमरे में क़ैद हो गया। टी.वी. यह सोचकर चलाया कि चलो मराठी में सही, समाचार तो सुनने को मिल जायेंगे। आश्चर्य यहाँ भी मौजूद था। केबिल टी.वी. के सत्तर चैनल यहाँ बारामती में आ रहे थे। बिजली एक भी मिनट को न लड़खड़ायी न गयी। कमरे में फ्रिज, पंखा, एयरकंडिशनर, फ़ोन सब चालू हालत में। हर खिड़की से बाहर का हरा भरा दृश्य नज़र आ रहा था।

भिगवां रोड, बारामती में स्थित डायनेमिक्स डेरी इण्डस्ट्रीज़, महाराष्ट्र

इण्डस्ट्रियल डेवलपमेंट कोरपोरेशन का उपक्रम है। एम.आई.डी.सी. ने बारामती में अनेक उद्योगों की स्थापना की है। बत्तीस एकड़ के क्षेत्रफल में यहाँ फाउण्ड्री, तेल मिल, एल्युमिनियम के बर्तनों का कारखाना, बल्ब, पिआगियो का गरुड़ तिपहिये का कारखाना, बर्फ का, रंग का कारखाना, सोमा टैक्सटाइल्स आदि सभी औद्योगिक इकाइयों से महाराष्ट्र औद्योगिक विकास मण्डल ने यहाँ उद्यमों की शुरुआत की जो अब सैकड़ों एकड़ में फैल गयी है। यहाँ स्कूल, हॉस्टल, अतिथिगृह, कॉलेज, अस्पताल, शॉपिंग सेण्टर, बैंक और डाकघर भी मौजूद हैं। औद्योगिक मण्डल के परिसर से रेल की लाइन भी खींच दी गयी है ताकि तैयार हुआ माल आसानी से यथास्थान भेजा जा सके। और तो और यहाँ हवाई पट्टी भी है। डायनेमिक्स डेरी में दूध और दुग्ध पदार्थ बनाने के विशाल संयन्त्र लगे हैं।

नयी जगह में मेरी नींद रह-रह कर उचटती रही। थोड़ी देर में कारण पकड़ में आ गया। दरअसल डायनेमिक्स में दिन-रात निरन्तर, अनवरत काम चलता रहता है। रात भर ट्रकों से, टैंकरों से दूध की ढुलाई होती है। फाटक के अन्दर आकर ट्रक और टैंकर स्वचालित वजन संयन्त्र पर खड़े किये जाते हैं। उसके बाद में घरघराते हुए प्लाण्ट की तरफ़ जाते हैं। वहाँ एक बड़े से स्वचालित पात्र में कुल दूध उड़ेल दिया जाता है। बड़े-बड़े स्टील पाइपों की सहायता से दूध को कृमिनाशक विधि से गुजारा जाता है। इस डेरी को देखने जाना भी विलक्षण अनुभव था। अन्द्रर जाने से पूर्व हमें हाथ-पैर धोने पड़े, बिल्कुल वैसे जैसे गुरुद्वारे में जाते हुए धोये जाते हैं। फिर चप्पलें बदलीं, एप्रिन पहना, सिर और मुँह पर स्कार्फ बाँधा। सभी विशेषज्ञ, कर्मचारी और सहायक अपने कामों में संलग्न थे। चुपचाप। सबने जैसे मौनव्रत ले रखा था। यह माहौल बिल्कुल अलग और अनोखा था क्योंकि उत्तर प्रदेश में किसी भी दफ़्तर या प्रयोगशाला में इस तरह शान्तिपूर्वक काम नहीं होता। यहाँ लोग काम से ज़्यादा बातों में रस लेते हैं। उत्तर प्रदेश में दफ़्तर का मुख्य हॉल एक छोटे-मोटे मछली बाजार जैसा लगता है। डायनेमिक्स डेरी में जो भी आवाज़ थी, यन्त्रों की थी। पीतल के बहुत बड़े देग बिजली से चालित होकर मक्खन से घी निकाल रहे थे। एक जगह ब्रिटानिया चीज़, मक्खन और मिल्क पाउडर बनाया जा रहा था। इन सब पदार्थों का भण्डारण, अत्यन्त शीतल वातावरण में किया जा रहा था। कुछ युवा वैज्ञानिक वहाँ चीज़ स्प्रेड में नये स्वाद देने पर शोध कर रहे थे। उन्होंने चीज़-नाइफ़ की नोक पर ज़रा-सी चीज़ लगा कर हमें नमूना चखाया। कई सहायक तैयार माल की पैकिंग में व्यस्त थे।

शरद पवार की प्रेरणा, मार्गदर्शन और सहयोग का लाभ बारामती के उद्योगों

को भरपूर मिला है। उन्होंने इसके लिए बाकायदा विकास नीति निर्धारित की है। उन्हें मालूम है कि बुनियादी ढाँचा मज़बूत हो तो विकास का स्वप्न यथार्थ में बदला जा सकता है। सन् 1967 में जब वे पहली बार महाराष्ट्र विधानसभा के सदस्य बने, उन्होंने तय कर लिया कि राज्य के कोने-कोने तक आज़ादी, तरक्की और खुशहाली का पैगाम पहुँचाना है। सातवें दशक के मुख्यमन्त्री वी. पी. नायक ने गर्वोक्ति की थी कि वे मुम्बई से पुणे तक उद्योगों का जाल बिछा देंगे। उन्होंने कुछ हद तक ऐसा कर भी दिखाया। बस उन्होंने सघन औद्योगीकरण के दुष्परिणामों पर विचार करने की फुरसत नहीं पायी। जब-जब शरद पवार महाराष्ट्र में मन्त्री अथवा मुख्यमन्त्री बने, उन्होंने शासन और जनता, दोनों को इस ख़तरे के प्रति सचेत किया कि केवल बड़े शहरों में उद्योग लगाने से समाज का सन्तुलन कितना बिगड़ जायेगा। राज्य के पिछड़े इलाकों में उद्योग लगाने को प्रोत्साहन देने के लिए उन्होंने एक तरफ़ शासन को प्रेरित किया तो दूसरी तरफ़ उद्योगपतियों को। महाराष्ट्र में ऐसे बहुत से क्षेत्र थे जहाँ एक भी उद्योग नहीं लगा हुआ था। शरद पवार ने महाराष्ट्र उद्योग विकास मण्डल के क्षेत्र में औद्योगिक इकाइयों को राज्य की ओर से जगह, 30 लाख तक की सहयोग राशि, बिक्री कर में छूट और चुंगी-शुल्क की शत-प्रतिशत वापसी जैसे प्रोत्साहन-बिन्दु प्रस्तुत किये। नतीजा यह हुआ कि ऐसे शहर और कस्बे जहाँ कभी किसी ने मिल की चिमनी का धुआँ भी नहीं देखा था, धीरे-धीरे करवट लेने लगे; दो ही वर्ष में नासिक, औरंगाबाद, रोहा, जलगाँव, चिपलूण, नागपुर, रत्नागिरी, तारापुर, चन्द्रपुर और पैठण जैसी जगहों का दृश्य ही बदल गया। खुद बारामती में, इन्हीं सुविधाओं के चलते बड़ी कम्पनियों ने अपने कारखाने खोले। जैसे किर्लोस्कर, गोयनका, महिन्द्रा एण्ड महिन्द्रा। शरद ने यह भी ध्यान में रखा कि इन जगहों के स्थानीय लोगों को ही फैक्टरियों में काम पर रखा जाय। अनिवासी भारतीयों को भी उन्होंने, प्रगतिशील और समाजवादी लोगों को मिलाकर पुलोद की स्थापना की और जन-जन के हित में उदार नीतियाँ बनायीं। पहली बार जनता को महसूस हुआ कि यह मन्त्री उनके लिए है, हर दम उपस्थित, प्रतिबद्ध और प्रस्तुत। प्रतिदान में जनता ने भी अगाध विश्वास, आदर और प्रेम दिया है। वह जानती है कि यह आदमी सत्ता के गलियारों में जाकर उन्हें भूल नहीं जायेगा वरन्, उनके हित के लिए नयी योजनाएँ बनायेगा। इसलिए बारामती की जनता ने शरद पवार को लगातार इस चुनाव क्षेत्र से विजयी बनाकर विधानसभा अथवा संसद में भेजा है। शरद चाहे पक्ष में रहें या विपक्ष में, जनता का हित उनके मन-मस्तिष्क में सर्वोपरि रहता है। सन् 1972-74 में महाराष्ट्र में भयानक दुर्भिक्ष के समय उन्होंने इस प्राकृतिक

आपदा का डट कर मुक़ाबला किया। राज्य के समस्त संसाधन इस अभियान में लगा दिये। वे उस वक़्त राज्य मन्त्री थे और उनके अधीन गृह, खाद्य व नागरिक आपूर्ति, पुनर्वास, प्रचार, खेलकूद व युवा कल्याण विभाग थे। आज भी महाराष्ट्र के लोग उस समय, शरद से मिली सहायता के लिए उन्हें याद करते हैं।

स्थिति यह है कि जब भी महाराष्ट्र समस्याग्रस्त हुआ, पवार संकटमोचक की तरह जनता के बीच आये। वे सच्चे यथार्थवादी हैं। उन्होंने किसानों को उनकी उपज का सही दाम दिलाने के लिए जलगाँव से नागपुर तक किसान मोर्चा का आयोजन किया। महाराष्ट्र के बेरोज़गार युवकों की समस्या पर ध्यानाकर्षण के लिए पुणे से मुम्बई तक साइकिल रैली आयोजित की। दूध उत्पादक किसानों को दूध का उचित मूल्य दिलाने के लिए आन्दोलन किया जिससे किसानों को दूध का सही दाम मिलने लगा। शरद पवार नयी अर्थव्यवस्था अर्थात् मिश्रित अर्थव्यवस्था में यक़ीन करते हैं। यह नयी व्यवस्था खुली आर्थिक व्यवस्था है। पहले की अर्थव्यवस्था में केन्द्रीकरण के कारण व्यापक भ्रष्टाचार था। लाइसेंस प्रणाली में बहुत धाँधली थी। तब अगर किसी को कार या स्कूटर खरीदना होता था तो वह तो दस साल पहले अर्जी लगाता या किसी मन्त्री-वन्त्री की सिफ़ारिश करवाता। ग्राहकों का पैसा वर्षों अटका पड़ा रहता। आज हालत यह है कि बड़ी-बड़ी कम्पनियाँ ग्राहक का दरवाज़ा खटखटा रही हैं। वे उसे ऋण की सुविधा दे रही हैं, मुक्त उपहार दे रही हैं। यह सब खुली अर्थव्यवस्था की देन है। एक समय अटल और आडवाणी भी खुली अर्थव्यवस्था के विरोधी थे। शरद का कहना है वे लोग केवल जनता को गुमराह करना जानते हैं।

शरद पवार ने राजनीति में हमेशा निर्भीक विचारों को महत्त्व दिया है। यह विशेषता उन्हें उत्तर भारत के नेताओं से एकदम अलग करती है जिनके भाषण व व्यवहार में शब्दों का घटाटोप तथा हवाई उड़ान रहती है। शरद जी का भाषण हमेशा तथ्यपरक होता है। उनके पास वैचारिक और व्यावहारिक धरातल होता है। उनकी विचार सम्पदा और कार्य निष्पादन की क्षमता में अद्‌भुत सामंजस्य है। आज के परिप्रेक्ष्य में यह ज़रूरी भी है।

उतार-चढ़ाव

शरद पवार का राजनीतिक जीवन उतार-चढ़ाव से भरपूर रहा है। वे चार बार महाराष्ट्र के मुख्यमन्त्री रहे, एक बार केबिनेट स्तर के देश के प्रतिरक्षा मन्त्री रहे, 2004 से 2014 के बीच लगातार 10 वर्षों तक भारत के कृषि मन्त्री रहे। वे केबिनेट स्तर के महाराष्ट्र राज्य के शिक्षा, कृषि, उद्योग, गृह, श्रम व युवा कल्याण मन्त्री रहे। वे खाद्य एवं नागरिक आपूर्ति, पुनर्वास, प्रचार व युवा कल्याण तथा क्रीड़ा विभाग के भी मन्त्री रहे। उन्होंने सात बार अपने चुनाव-क्षेत्र बारामती से चुनाव जीता, चाहे वे किसी भी दल से खड़े हुए। बारामती की जनता ने हर बार पूर्ण विश्वास और आस्था के साथ उन्हें चुना—कभी विधानसभा के लिए तो कभी संसद के लिए। उनके पास, देखा जाय तो पचास साल का संसदीय तथा विधायकी के अनुभव हैं। अलग-अलग समय की अवधि मिलाई जाय तो वे सात वर्ष महाराष्ट्र के मुख्यमन्त्री रहे। 1978 से 1980, 1988 से 1989, पुनः 1989-91, 1993 से 1995—ये सात वर्ष महाराष्ट्र की अभूतपूर्व प्रगति और उत्कर्ष के वर्ष थे।

पहली बार शरद का मुख्यमन्त्री पद की कुर्सी सँभालना, राज्य का सत्ता-सन्तुलन सँभालने जैसा था। इसकी पृष्ठभूमि यह थी कि 1977 में केन्द्र में करारी हार के बाद कांग्रेस का विभाजन हो गया और शरद कांग्रेस (यू) में चले गये। इसी धड़े ने कांग्रेस (आई) के साथ मिल-जुल कर सरकार बनायी और वसन्त दादा पाटील इसमें मुख्यमन्त्री नियुक्त हुए। नासिकराव तिरपुडे उप-मुख्यमन्त्री के पद पर आसीन हुए। तब शरद पवार उद्योग और श्रम मन्त्री थे लेकिन जल्द उन्होंने पाया कि पाटील और तिरपुडे के बीच बिल्कुल सामंजस्य नहीं है। तिरपुडे बात-बात में इन्दिरा गाँधी के नाम की धौंस देते। उन्होंने दफ़्तर को आदेश दे रखे थे कि मुख्यमन्त्री के पास भेजने से पहले सभी फ़ाइलें उन्हें दिखायी जायें। वरिष्ठ और आदरणीय नेता यशवन्तराव चव्हाण पर भी टीका-टिप्पणी करने से वे बाज़ नहीं आते थे। लोगों को तिरपुडे की उद्दंडता बुरी लगती पर वे ख़ून का घूँट पीकर रह जाते।

शरद पवार जैसे स्वाभिमानी नेता को यह छीछालेदर पसन्द नहीं आयी।

वाई. बी. चव्हाण की मंशा पहचान उन्होंने अपनी ही सरकार बनाने की ठान ली। सबसे पहले उन्होंने मन्त्री पद से त्यागपत्र देने की पेशकश की।

दिल्ली दरबार ने उनसे कहा कि वे कांग्रेस के दोनों धड़ों में मेल करवायें। उन्होंने इस उद्‌देश्य से दोनों धड़ों की बैठक बुलवाई। परिस्थितियाँ इतनी तेज़ी से बदलीं और परिवर्तन-चक्र कुछ ऐसा घूमा कि पवार को सभी विरोधी दलों के सहयोग से महाराष्ट्र में एक नयी ही पार्टी का गठन करना पड़ा—पुरोगामी लोकतान्त्रिक दल—अर्थात् पुलोद। वे इस दल के नेता चुने गये और न चाहते हुए भी उन्हें मुख्यमन्त्री का पद सँभालना पड़ा। उनके हृदय में कभी भी सत्ता और सिंहासन की भूख नहीं थी। वे तो बस इतना चाहते थे कि महाराष्ट्र की अस्मिता अक्षुण्ण रहे। मिली-जुली सरकार का यह अभिनव प्रयोग शरद पवार ने 1978 में कर दिखाया। राष्ट्रीय जनतान्त्रिक गठबन्धन, यानी राजग की सरकार पुलोद की ही प्रतिछाया रही है।

शरद पवार केवल अड़तीस वर्ष की आयु में महाराष्ट्र जैसे महत्त्वपूर्ण राज्य के मुख्यमन्त्री बन गये। अब उनके सामने कई चुनौतियाँ थीं। सबसे बड़ी तो पार्टी के विभिन्न घटकों को एकजुट रखने की थी। पुलोद में जनता पार्टी, किमपा, रिपब्लिकन पार्टी और कांग्रेस (यू) के सदस्य थे। मार्क्सवादी कम्युनिस्ट पार्टी का भी इसे समर्थन प्राप्त था। लेकिन केन्द्र की शक्तियाँ लगातार इनमें तोड़-फोड़ का प्रयत्न करती रहतीं। कांग्रेस (आई) की फितरत थी कि राज्य सरकारें स्वतन्त्र रूप से सफल न कहलाने पायें। उनका अस्तित्व कठपुतली बन कर रहने में ही था। इधर शरद पवार अपने नेतृत्व में सरकार को सफल बनाने में जान लड़ा रहे थे। उन्होंने पुलोद में शामिल सभी पक्षों से विचार कर चालीस-सूत्रीय कार्य-योजना बनाई जिसमें प्रदेश के लिए आर्थिक, सामाजिक और शैक्षिक कार्यक्रमों का समावेश था। इस कार्य-योजना में कृषि सम्बन्धी महत्त्वपूर्ण निर्णय थे। 1978 में पहली बार किसानों के लिए पुरोगामी राहत नीति बनाई गयी। अकालग्रस्त किसानों को ऋण से माफी, कुएँ बनाने के लिए अनुदान और कम दर पर बिजली दी गयी। उनके लिए कृषि-सिंचन आयोग और महात्मा फुले विकास मण्डल की स्थापना की गयी। खेतिहर मज़दूरों की मज़दूरी में बढ़ोतरी की गयी। चरवाहों को गाय चराने के लिए सरकारी ज़मीन पर चरागाह उपलब्ध करवाये।

शरद की अभूतपूर्व कामयाबी से कांग्रेस हाईकमान के कान खड़े हो गये। इन्दिरा जी को लगा कि यह आदमी काम करना जानता है और जनाधार बनाना भी, उन्हें लगा यह तो जन्मजात नेता है; अभी एकदम नयी उमर और नया जोश-खरोश है। आज यह राज्य स्तर पर सफल है, कल केन्द्र स्तर पर भी टक्कर

मोल ले सकता है। 1980 में इन्दिरा गाँधी के दुबारा सत्ता में लौटते ही उन्होंने शरद की सरकार बर्खास्त कर दी। बर्खास्तगी के पूर्व काफ़ी नाटकीयता का भी परिचय केन्द्र ने दिया। इन्दिरा जी ने महाराष्ट्र समेत नौ राज्यों की विधानसभाएँ भंग कर राष्ट्रपति शासन लागू करवा दिया। यह घटना 17 फरवरी 1980 को हुई जबकि आठ फरवरी को उन्होंने शरद को दिल्ली बुलाकर पुलोद सरकार के बेहतरीन संचालन पर उन्हें शाबाशी दी थी। तब उन्होंने शरद की तरफ़ अवसरवादी लॉलीपाप बढ़ाया था कि वे यदि कांग्रेस (आई) में आ जायें तो उनकी मुख्यमन्त्री की कुर्सी बरकरार रहेगी। शरद ने इस प्रस्ताव को फौरन नकार दिया। लेकिन वे समझ गये कि अब उनका मुख्यमन्त्रित्व चन्द दिनों का मेहमान है। उन्होंने तय कर रखा था कि वे स्वयं इस्तीफा दे देंगे। फिर भी 17 फरवरी का घटना-क्रम उन्हें भौचक छोड़ गया।

इस प्रकार पवार में एक प्रतिपक्षीय जुझारूपन ने जन्म लिया। 1981 में देवराज उर्स ने कांग्रेस (यू) छोड़ दी और इस पार्टी की अध्यक्षता का उत्तरदायित्व शरद पवार के ऊपर आ गया। उन्होंने पार्टी का नाम कांग्रेस (एस) कर दिया। लेकिन इस एस का अर्थ शरद पवार नहीं 'समाजवादी' था। पुरानी इन्दिरा और रेड्डी कांग्रेस ने अपनी कुल शक्ति अगले आम चुनाव में कांग्रेस (एस) को हराने में झोंक दी और बहुत कड़े मुक़ाबले के बाद ही उनकी जीत सम्भव हो पायी।

शरद पवार के गुरु यशवन्तराव चव्हाण का मानना था कि राजनीति का हमेशा बौद्धिक और वैचारिक आधार होना चाहिए। शरद इस सीख को गुरु मन्त्र मानते थे। वे खुद इसी तरह से सोचते थे कि राजनीति का उद्देश्य सत्ता पर कब्ज़ा करना नहीं होना चाहिए बल्कि उसका लाभ समाज के निर्माण और विकास में प्रतिबिम्बित होना चाहिए। उन्हें यह विचित्र लगता था कि पक्ष और विपक्ष के दल लगभग एक से दावे करते हैं और एक से वादे। दोनों के पास घिसी-पिटी नीति और कार्यक्रम हैं। पक्ष थोड़ा नरम रहता है तो विपक्ष थोड़ा गरम।

पवार के राजनीतिक जीवन के बारे में विरोधियों द्वारा लगाये गये सभी अनुमान अब तक ग़लत साबित हुए हैं। पवार अपने निर्भीक सिद्धान्तों पर टिके रहे और कांग्रेस के विरुद्ध सारे विपक्षी दलों की शक्ति उनकी ऊर्जा बनी। जनता सरकार के टूटने के बाद विपक्ष एकता का परचम केवल शरद पवार के हाथों में बुलन्द रहा। इसी से वे अपनी शक्ति अर्जित करते रहे। इस प्रकार उनकी कांग्रेस (एस) को ताक़त मिलती रही।

आख़िर वे क्या कारण हैं जो शरद पवार को जन गण मन का प्रिय नेता बनाते हैं। शरद सत्ता में रहें न रहें, वे जनसत्ता में नित्य निरन्तर रहते हैं। उन्होंने

अपने सत्ता निर्वासन के समय का बड़ा रचनात्मक उपयोग किया। देश भर के अन्य प्रदेशों में घूम-घूम कर विपक्ष के ख्यात नेताओं से गहन सम्पर्क स्थापित किया और राष्ट्रीय राजनीति के मानचित्र से वे कभी अनुपस्थित नहीं रहे। ज्योति बसु, फारुख अब्दुल्ला, एम. जी. आर., अटल जी, चन्द्रशेखर, ई. एम. एस. नंबूदिरीपाद आदि से बैठकर खुली चर्चा करने से उनकी दृष्टि का विस्तार होता गया और वे जन-जन की भावनाएँ समझने में और भी निष्णात होते गये।

शरद भले ही महाराष्ट्र की राजनीति से बढ़े और चढ़े, उनके व्यक्तित्व में सभी राष्ट्रीय और वैश्विक गुण मौजूद हैं। वे प्रगतिशील विचार में मानवतावादी आचार शास्त्र का सम्मिश्रण कर एक उदारवादी रसायन तैयार करते हैं जो अन्ततः आम आदमी के काम आता है। उनकी राजनीति में रचनात्मक दृष्टि होती है। वे राजनीति से ज़्यादा ज़ोर समाज सुधार तथा विकास पर देते हैं। जहाँ वे खड़े हो जायें वहीं लोगों की भीड़ लग जाती है। वे कोई ताली-छाप भाषण नहीं देते पर उनका बोलना लोगों को भला लगता है। वे सहानुभूति के साथ लोगों की परेशानियाँ सुनते हैं और उसके समाधान के लिए हर सम्भव प्रयत्न करते हैं। वे महाराष्ट्र के एक-एक ज़िले और एक-एक तहसील में घूम चुके हैं। वे अपने कार्यकर्ताओं से मधुर व्यवहार करते हैं। आनेवाले वर्षों में ये गुण उन्हें बहुत दूर ले जायेंगे।

बहरहाल शरद पवार के गुरु यशवन्तराव चव्हाण का संवाद इन्दिरा गाँधी से बना हुआ था। चव्हाण जी के मन में पंडित नेहरू के लिए अगाध श्रद्धा थी, इसी तर्क से वे निजी तौर पर अपने को श्रीमती गाँधी से जुड़ा पाते थे। इन्दिरा जी ने चव्हाण को समझाने का प्रयत्न किया कि कांग्रेस को अधिक शक्तिशाली बनाने के लिए कांग्रेस (यू) का विलय कांग्रेस (आई) में हो जाना चाहिए, यही राष्ट्रीयता का तकाज़ा है। उधर महाराष्ट्र की शक्कर-लॉबी भी कांग्रेस के इस विभाजन से परेशान थी। यह ज़रूरी था कि कांग्रेस की अन्तःकलह समाप्त हो। शक्कर-लॉबी के पास अपार साधन थे।

मई 1981 में सतारा में कर्मवीर भाऊराव पाटील की जयन्ती पर कांग्रेस (यू) की वार्षिक बैठक रखी गयी जिसमें चव्हाण, पवार के अलावा अन्य नेता उपस्थित थे। इस बैठक को सम्बोधित करते हुए चव्हाण ने कहा कि जब सारा देश इन्दिरा गाँधी को स्वीकार कर रहा हो तो हमें क्या दिक़्क़त है। हमें जनादेश की इज़्ज़त करनी चाहिए।

इसके बाद जल्द ही चव्हाण ने कांग्रेस (यू) से इस्तीफा दे दिया। चव्हाण ने गुजरात और महाराष्ट्र को भाषा के आधार पर अलग राज्य घोषित करवाया।

चव्हाण और इन्दिरा गाँधी के रिश्तों में दरअसल खटास तब आयी जब

लालबहादुर शास्त्री के निधन के बाद कांग्रेस में तेज़ी से समीकरण बदले। चव्हाण के समर्थकों की इच्छा थी कि वे प्रधानमन्त्री पद के प्रत्याशी के रूप में अपनी दावेदारी पेश करें। थोड़ी देर बातचीत करने पर चव्हाण ने पाया कि इन्दिरा गाँधी ख़ुद इस पद पर काबिज़ होना चाहती थीं। चव्हाण ने उनकी इच्छा का सम्मान किया लेकिन् उन दोनों के बीच सद्‌भाव और सहज आत्मीयता की कड़ी तभी से टूटने लगी। इन सारी घटनाओं से शरद पवार का राजनीतिक जीवन काँटों भरा मार्ग बना। लेकिन वह पवार ही क्या जो हार मान जाय। विधायक से मन्त्री बनने के बाद महाराष्ट्र के विभिन्न हिस्सों का दौरा करके उन्होंने पार्टी संगठन में नयी ऊर्जा उत्पन्न की। उन्होंने इस समय का उपयोग अपनी पार्टी को मज़बूत बनाने में किया। कांग्रेस (एस) के अध्यक्ष की हैसियत से वे देश के सभी गाँव, नगर, कस्बे में गये और उन्होंने अपनी स्थानीय इकाइयाँ बना डालीं। हर जगह उन्हें रचनात्मक कार्य करने के इच्छुक, जागरूक कार्यकर्ता मिले जो समाज की बेहतरी के लिए प्रतिबद्ध थे। इस तरह, कांग्रेस (एस) जो बीच में कुछ कमज़ोर पड़ रही थी, एक बार फिर शक्तिशाली हो उठी। इस काम में उन्होंने एक तरफ़ सामान्य जनों को साथ लिया तो दूसरी तरफ़ सुधी जनों को। युवा वर्ग के वैज्ञानिक, प्राध्यापक, पत्रकार, वकील, डॉक्टर, उद्यमी, सबने मुक्त हृदय से उनको सहयोग दिया। पवार की कार्यशैली वैसे भी युवावर्ग द्वारा पसन्द की जाती थी। फिर बारामती के युवा तो उन पर जान छिड़कते। शरद का सम्पूर्ण व्यक्तित्व कार्यकुशलता की माँग भी करता है और कार्यकुशलता प्रतिबिम्बित करता रहा है। वे बिना शोर मचाये बड़े से बड़ा काम कर दिखाते हैं। महाराष्ट्र में जगह-जगह हताश युवक शिवसेना का साथ दे रहे थे। शिवसेना भूखे-नंगों का मसीहा बनने की आड़ में क्षेत्रवाद फैला रही थी। शरद इसी सर्वहारा वर्ग की समस्याएँ सुलझाने में लग गये। जब वे झुग्गी-बस्तियों में बोलने और काम करने के लिए जाते तो उन्हें समझाते, 'मुझे हार पहनाने में फिजूल पैसे खर्च मत करो। इतने पैसों में एक स्लेट-पेंसिल आ सकती है जिससे तुम्हारा बच्चा पढ़ना-लिखना सीख सकता है।'

मज़ेदार बात यह थी कि शरद पवार जब सत्ता में नहीं थे, तब भी सत्ताधारियों से ज़्यादा भीड़ उनके चारों ओर लगी रहती। सरकारी कार्यालयों, कारखानों, स्कूल, कॉलेज अस्पताल, हर जगह उनके सहज मित्र बने हुए लोग थे जो उन पर जान छिड़कते थे। वे देखते कि यह आदमी तो कभी विश्राम नहीं लेता, कभी किसानों के हित में मोर्चा निकाल रहा है तो कभी मज़दूरों के हित में, कभी शिक्षित बेरोज़गारों की दशा इनकी चिन्ता का विषय है तो कभी महिलाओं की सामाजिक दुर्दशा।

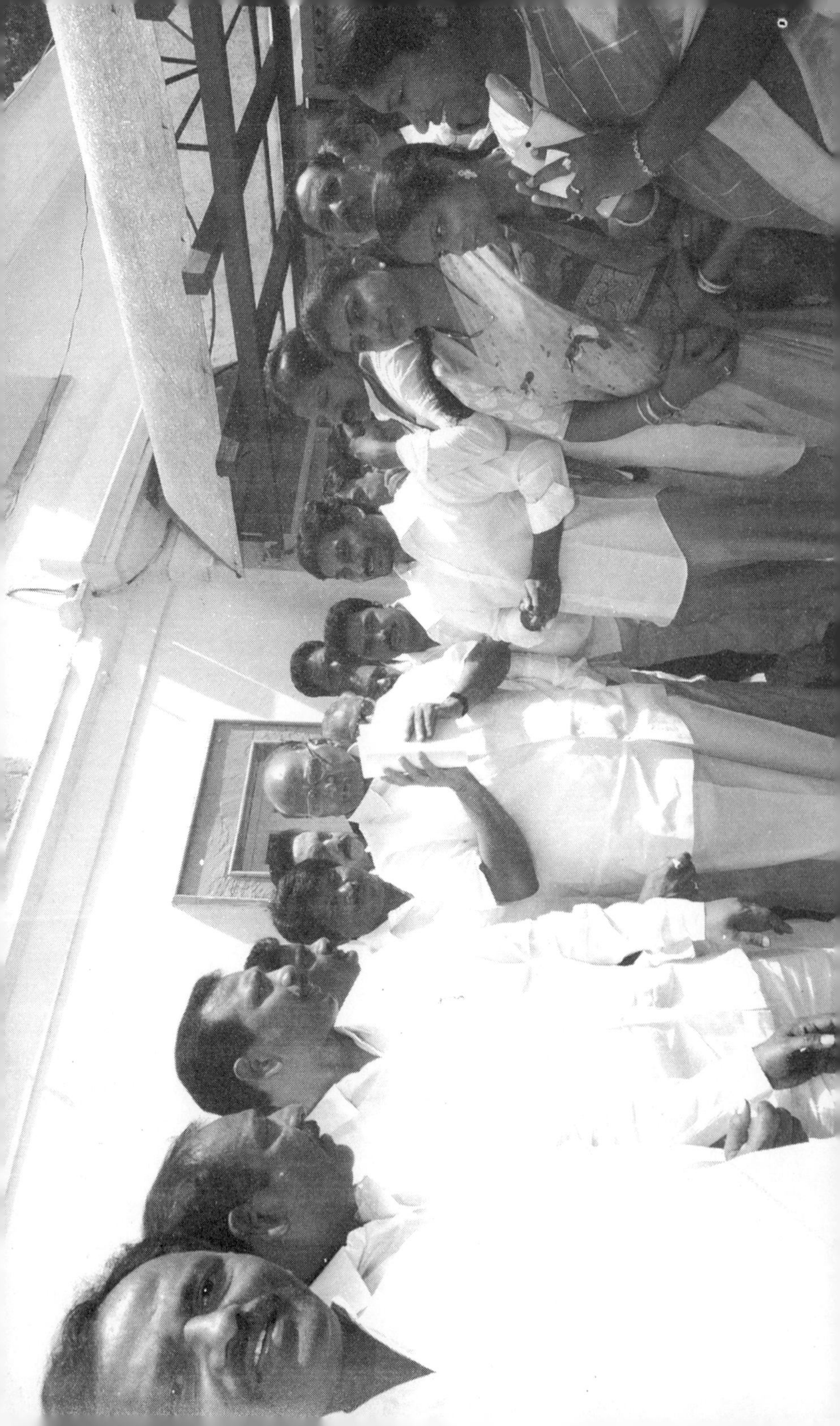

FAO
FIAT PANIS
INDIA

।जीवत शरदः शतम्।
शरदपवार
अमृतमहोत्सव समारोह
10 दिसंबर 2015, विज्ञान भवन, नई दिल्ली

क्या सोचते हैं लोग?

प्रायः राजनीति में यह देखा गया है जब नेता सत्ता में होता है तब तो काम करता है लेकिन जब उसके हाथ में सत्ता नहीं होती, तब विपक्ष की भूमिका में वह सत्ता पक्ष का कटुतम आलोचक बन जाता है। वह चीख़-चिल्ला कर सरकार का जीना दूभर कर देता है। यह विरोधी पक्ष की राजनीति का सही तरीका नहीं है।

यशवन्तराव चव्हाण के पगचिह्नों पर चलते हुए आगे बढ़ने वाले शरद पवार समाजवाद के सर्वोत्तम सिद्धान्तों से सचेत हुए और उन्होंने पंडित नेहरू के विचार आत्मसात कर उन्हें वर्तमान राजनीति पर प्रतिपादित किया। उन्होंने विपक्ष की राजनीति को विचारशीलता और विकास के प्रयासों से जोड़ दिया। वे कई बार विपक्ष के नेता रहे। हर बार उनके सामाजिक सरोकारों में और प्रखरता आयी। उन्होंने लोगों की समस्याओं के लिए राज्यव्यापी दौरे किये और जनता का पक्ष सर्वोपरि रखा। पवार कहीं भी हों, सत्ता में या सत्ता से बाहर, उनकी लोकप्रियता कभी घटती नहीं, बढ़ती ही जाती है। ऐसा नहीं है कि वे कोई कलाबाजी दिखाते हैं या लम्बे-चौड़े वायदे करते हैं। वे जनता जनार्दन की तकलीफ़ें धैर्यपूर्वक, सहानुभूतिपूर्वक सुनते हैं और भरसक उन्हें राहत पहुँचाने की चेष्टा करते हैं। वे अपने विकास कार्यक्रम की देखभाल करने वालों पर भी गहरी नज़र रखते हैं। उनकी कोशिश रहती है कि सिर्फ़ काम के प्रति समर्पित लोगों को ही अपना कार्यकर्ता बनाएँ। नतीजा यह हुआ कि पवार हर बार जनता के नेता के रूप में उभरे हैं—कभी शेतकरी नेता, कभी खिलाड़ियों के नेता, कभी मज़दूरों के नेता तो कभी महाराष्ट्र की अस्मिता के नेता, कभी देश के नेता। इनसे उनके बहुआयामी व्यक्तित्व का परिचय मिलता है।

पवार ऐसे व्यक्ति हैं जो एक तरफ़ जनता को शिक्षित करते चलते हैं तो दूसरी तरफ़ अपने संसदीय सहयोगियों को। वे लोकतन्त्र में बढ़ती हुई हिंसा और अराजकता के प्रति भी चिन्तित दिखाई देते हैं। एक जगह उन्होंने लिखा है :

'लोकतन्त्र में नेतृत्व की परिस्थितियों पर चिन्ता करनी ज़रूरी है। नेतृत्व में

आज गुणात्मक ह्रास पैदा हो गया है। संसद और विधानसभाओं में बहुत-सा नया ख़ून आ गया है। इन जन प्रतिनिधियों की अपने-अपने दल में अलग किस्म की छवि है। इसलिए संसद और विधान भवन में इनके सामने उन्मुक्त विमर्श नहीं हो पाता। आज की राजनीति में सदन में एक-दूसरे के ऊपर चढ़े चले आना, एक-दूसरे के कपड़े फाड़ देना, अध्यक्ष की कुर्सी की तरफ़ आवेश में बढ़ना, मुँह से अपशब्द निकलना या गैर संसदीय शब्दावली का इस्तेमाल करना आम बात हो गयी है। टेलीविज़न की सर्वसुलभ सेवा के कारण आम आदमी भी आज संसदीय सत्र की गतिविधियाँ देख-सुन सकता है। लोगों को सदन के अन्दर का दृश्य देखने को मिल जाता है। ऐसे में लोग क्या सोचते होंगे। ऐसा होता है, इससे इनकार भी नहीं किया जा सकता।

'समझदार जन-प्रतिनिधियों और उनके नेताओं को इस पर विचार करना होगा। उन्हें थोड़ा आत्ममन्थन करना होगा। युवा प्रतिनिधियों को यह याद रखना चाहिए कि ये महज़ इमारतें नहीं वरन् लोकतन्त्र के देवालय हैं। बहुत पहले के वर्षों में संसद के इन्हीं सदनों में ऐसी घटनाएँ हुईं जो जन-प्रतिनिधियों के लिए मिसाल बन सकती हैं और जिनका अध्ययन आज होना चाहिए। हमें भी ऐसा व्यवहार सीखना होगा।

'घटना तब की है जब पंडित जवाहरलाल नेहरू जी प्रधानमन्त्री थे। सदन में संविधान की एक धारा पर चर्चा चल रही थी। संसद सदस्य बैरिस्टर श्री नाथपाई बोलने के लिए खड़े हुए। तभी सत्ता पक्ष के एक संसद सदस्य ने कुछ गैर-संसदीय शब्दावली में नाथपाई जी का मज़ाक़ उड़ाया। पंडित नेहरू को यह अखर गया। उन्होंने तभी खड़े होकर स्पीकर से कहा, 'मेरे सहयोगी ने नाथपाई जी के लिए अभद्र भाषा का प्रयोग किया है। मैं नाथपाई साहब से क्षमा माँगता हूँ।' प्रधानमन्त्री की इस शालीनता पर श्री नाथपाई भौचक रह गये और संसद आश्चर्यचकित रह गयी।

'दूसरी घटना महाराष्ट्र विधानसभा की है। तब श्री यशवन्तराव चव्हाण मुख्यमन्त्री थे। उन दिनों संयुक्त महाराष्ट्र का मुद्दा बहुत गरम था। संयुक्त महासभा समिति के गठन के बाद, समाजवादी नेता श्री एस. एम. जोशी पुणे का प्रतिनिधित्व कर रहे थे। उनके एक प्रश्न के उत्तर में राजपक्ष के एक मन्त्री ने कुछ ग़लत शब्दों का प्रयोग किया। चव्हाण जी ने उसी वक़्त कार्यवाही रोक कर जोशी जी से माफी माँगी।

'वैसे अनुशासनहीनता की ज़्यादा घटनाएँ उत्तरी राज्यों में हुई हैं और होती हैं। अभी उस दिन एक सदस्य राज्यसभा के लिए चुने गये। वे सदन के गलियारे

में बड़े फख्र से कह रहे थे, 'मैंने अपने प्रचार में कोई ख़ून-पसीना नहीं बहाया। मैंने तो करोड़ों रुपये बहाये, वही मेरा प्रचार था।' मैं सुन कर सन्न रह गया। ऐसे लोगों से बचने के लिए हमें धन और बल के बूते पनपने वाली अराजकता पर रोक लगानी होगी। तभी वर्तमान राजनीति स्वच्छ, उज्ज्वल होगी।

'मेरा स्पष्ट विचार है कि इसमें मतदाताओं को भी मदद करनी होगी। उन्हें धन, बल की राजनीति करने वालों से दूर रहना चाहिए। तभी हमारे लोकतन्त्र में नया व युवा नेतृत्व उभर कर आयेगा। मतदाता चाहे तो चुनाव में उम्मीदवार के मन में डर पैदा कर सकता है कि ग़लत आदमी को वोट नहीं मिलेगी, वह हार जायेगा। तभी हमारा जनतन्त्र सशक्त और सार्थक कहलायेगा।

'एक और घटना याद आ रही है। एक बार मुझे किसी ने मोबाइल फ़ोन पर कहा, 'मैं अमुक नेता बोल रहा हूँ। अमुक तारीख को मेरी बेटी की शादी है, आप उसमें अवश्य शामिल हों। मेरी बेटी आपकी भी बेटी है।'

'मैंने पूछा, 'तुम कहाँ से बोल रहे हो?'

'उसने कहा, 'मैं जेल से अपने मोबाइल से बात कर रहा हूँ।'

'यह पूछना बेकार था कि जेल में उसे मोबाइल फ़ोन सेवा कैसे उपलब्ध हुई। बात साफ़ थी कि अपने पैसे के बल पर वह जेल में कुछ भी पा सकता था।

'इस सब के बावजूद अपने देश के जनतन्त्र में मेरा अगाध विश्वास है।'

शरद के व्यक्तित्व से जन-मन ही नहीं वरन् गण्यमान्य व्यक्ति भी बहुत प्रभावित रहे हैं। सबने एकमत से उनकी प्रतिभा, संकल्पबद्धता और लोकतान्त्रिक दृष्टि की सराहना की है। इनमें से कुछ सम्मतियाँ देखना प्रासंगिक होगा।

हमारे राष्ट्रपति श्री ए. पी. जे. अब्दुल कलाम ने कहा था, 'मैं श्री शरद पवार के आवास पर बारामती जा चुका हूँ। यह एक खुशहाल जगह है। शरद पवार के द्वारा चलाये गये सहकारिता आन्दोलन के कारण, यहाँ बारामती में, जीवन के हर क्षेत्र का आदमी मिलता है। जब श्री शरद पवार देश के रक्षामन्त्री थे, तब रक्षा मन्त्रालय के वैज्ञानिक सलाहकार के रूप में मुझे उनसे मिलने और उन्हें जानने का अवसर मिला। रक्षा तकनीकी में आत्मनिर्भरता की ज़रूरत को उन्होंने जिस तरह महत्त्व दिया उससे मुझे बहुत प्रेरणा मिली।'

प्रधानमन्त्री श्री अटल बिहारी वाजपेयी का कथन है, 'बीसियों बरस से महाराष्ट्र की राजनीति में प्रमुख भूमिका निभाने वाले श्री शरद पवार लोकप्रिय नेता हैं, इसीलिए वे इतनी बार महाराष्ट्र के मुख्यमन्त्री बने। पिछले दस साल में राष्ट्रीय राजनेता के रूप में भी उनका योगदान महत्त्वपूर्ण है। मुझे विश्वास है कि आने वाले वर्षों में श्री पवार का महत्त्व महाराष्ट्र और दिल्ली की राजनीति में कायम रहेगा।'

पिछले वर्षों के युवा-तुर्क चन्द्रशेखर स्वयं एक ऐसे राष्ट्रीय नेता थे जो विपक्ष की राजनीति की राह से ही उभरे और जनता पार्टी के अध्यक्ष बने। उनका कहना था, 'मैं श्री शरद पवार को तीस से भी ज़्यादा वर्षों से जानता हूँ। जनता के बीच अहर्निश, अथक काम करके ही शरद पवार जननेता बने हैं। उन्होंने जन-जन के हृदय में अपने लिए जगह बना ली है। यहाँ उनके सकारात्मक सोच और उनकी प्रशासनिक क्षमता का भी उल्लेख प्रासंगिक होगा। उनके बहुआयामी व्यक्तित्व के अनेक पहलू हैं जैसे, शिक्षा, सहकारिता और क्रीड़ा। महाराष्ट्र के विकास में उनके सतत योगदान को सदैव याद रखा जायेगा। नवी मुम्बई की तो सारी परिकल्पना तथा योजना ही शरद पवार की है।

'हमारा देश इतिहास के संक्रान्ति काल से गुज़र रहा है। वर्तमान में भीतर और बाहर से देश को लगातार आक्रान्त किया जा रहा है। ऐसे में लोगों को शरद पवार की बहुत ज़रूरत है, उनसे सभी को उम्मीदें हैं। शरद पवार जन-जन की उम्मीदों को पूरा कर सकें, यही मेरी कामना है।'

आन्ध्र प्रदेश के मुख्यमन्त्री डॉ. चन्द्राबाबू नायडू इन शब्दों में शरद को साकार करते हैं, 'श्री शरद पवार को जीवन में धर्मनिरपेक्ष दृष्टि, जनतान्त्रिक मूल्य और दूर-दष्टि के लिए जाना जाता है।'

महाराष्ट्र के तत्कालीन राज्यपाल श्री पी. सी. एलेक्जेंडर का मत था कि, 'स्वाधीनता के बाद के राजनीतिक नेताओं की पीढ़ी में शरद पवार की ख्याति सफलतम प्रशासक के रूप में है। राजनेता की प्रशासकीय सफलता उसकी इस क्षमता पर निर्भर करती है कि वह अपने मन्त्रिमण्डल का नेतृत्व किस प्रकार करता है, अपने सरकारी अधिकारियों को कार्यकुशल व कर्तव्यपरायण कैसे बनाता है और आकस्मिक संकटों से कितनी शीघ्रता और कुशलता से निपटता है। मैंने शरद को तीनों भूमिकाओं में देखा है।'

राजनेताओं के साथ-साथ समाज के अन्य क्षेत्रों की अग्रणी विभूतियों ने भी शरद पवार की प्रतिभा में अपनी आस्था प्रकट की है।

प्रमुख व प्रख्यात वैज्ञानिक डॉ. रघुनाथ माशेलकर बड़ी भावना के साथ शरद से अपना जुड़ाव जताते हैं। उनका कहना था, 'मैं हमेशा से शरद पवार की दूर-दृष्टि, नेतृत्व और अग्रगामिता का प्रशंसक रहा हूँ। मैं दूर खड़ा उनकी प्रगतिशील सोच, स्थानीय, राष्ट्रीय और अन्तर्राष्ट्रीय प्रश्नों का दृढ़ समाधान देखता रहा। अपने अग्रिम सोच के कारण ये हमेशा औरों से आगे रहते आये हैं।

'सौभाग्य से मुझे बारामती जाने का संयोग हुआ। अरे, बारामती तो आने वाले भारत की तस्वीर है, ए लैंड ऑफ हैप्पिनिंग। शरद जी ने बारामती की

कायापलट कर दी है। उन्होंने यहाँ विश्व स्तर का सूचना तकनीकी महाविद्यालय बनाया है। उन्होंने साबित कर दिया है कि अगर आप विश्व स्तर का सोच रखते हैं तो आपके कार्य में वह दृष्टि झलकनी चाहिए। बायोटैक्नॉलॉजी के बारे में शरद पवार के विचार महत्त्वपूर्ण हैं। उनके विचारों से हम कृषि-जगत में क्रान्ति ला सकते हैं। शरद पवार बी. टी. कॉटन पर हम वैज्ञानिकों से ज़्यादा प्रभावशाली और उपयोगी व्याख्यान दे सकते हैं। उनमें हमें 21वीं शताब्दी का जनप्रिय नेता दिखाई देता है। वे भारतीय विज्ञान और तकनीकी के प्रणेता हैं और समग्रतः एक प्रेरक व्यक्तित्व।'

प्रख्यात पत्रकार दिलीप पडगाँवकर का कहना है, 'शरद पवार कांग्रेस में चाहे रहें या नहीं रहें, उन्होंने आज तक ऐसा कोई क़दम नहीं उठाया जो कांग्रेस के आदर्शों के विरुद्ध हो। लोकतन्त्र के प्रति उनकी प्रतिबद्धता पर कभी प्रश्नचिह्न नहीं उठा। कांग्रेसियों से भी बड़े इस दुर्लभ कांग्रेसी ने कभी अपने को आम आदमी से दूर नहीं रखा। पंचायत, तालुका, जिला स्तर तक के कार्यकर्ताओं के साथ ये उनके नाम गाम की पहचान के साथ बातचीत कर सकते हैं। ऐसा जनाधार भी कितने राजनेताओं के पास है? कांग्रेस संस्कृति में तो यह सिद्धान्त की बजाय अपवाद माना जायेगा।

'भविष्य ने शरद पवार की क्या भूमिका निर्धारित की है, यह अनुमान का विषय है। जो लोकतन्त्र के स्वास्थ्य की चिन्ता करते हैं वे यही कहेंगे कि शरद उनके लिए शुभ हैं, शरद श्रेयस्कर हैं। वे राष्ट्र की अप्रतिम सेवा कर सकते हैं ख़ासकर ऐसे समय में जब विभाजनवादी प्रवृत्तियों का बोलबाला है।'

पत्रकार विजय संघवी कहते हैं, 'हर नेता सर्वसाधारण जनता के बीच अलग तरह के आवेग, संवेग और संवेदना जगाता है। महात्मा गाँधी ने अपने कार्यक्रम और आचरण से लोगों को अभिभूत किया तो पंडित जवाहरलाल नेहरू ने जन-मन की सराहना अर्जित की। सरदार पटेल के व्यक्तित्व व विचारों से लोग विस्मित होते थे तो इन्दिरा गाँधी के आगे लोग हक्के बक्के रह जाते।

'शरद पवार अपने प्रशंसकों और प्रतिद्वन्द्वियों के बीच निरन्तर जिज्ञासा जगाते हैं। उन्हें एक रहस्यमय पहेली माना जाता है। उनके शत्रु, मित्र और पारखी ताड़ नहीं पाते कि उनका अगला क़दम क्या होगा। उनकी मुस्कान से उनके मन्तव्य का पता नहीं चलता।' सीताराम केसरी ने एक बार कहा था, 'जैसे मुग़लों को कभी शिवाजी के मन की थाह नहीं मिली, वैसे ही इस मराठा नेता की थाह मिलनी मुश्किल है।'

इसका मतलब यह कदापि नहीं कि शरद पवार जानबूझ कर अपने को गोपन

रखते हैं। यह उनकी राजनीतिक शैली है। उनकी शैली में हज़ार ढंग हैं। हर ढंग से उनकी प्रतिभा में निखार आता है। परिस्थिति की भिन्नता के कारण उनकी शैली में परिवर्तन होता रहता है। उत्तर भारत के राजनेता तो महज़ शब्दों के सहारे अपना राजनीतिक साम्राज्य खड़ा कर लेते हैं। उनकी दिक़्क़त यह है कि उनकी राजनीति का कोई सामाजिक या आर्थिक विकासगत आधार नहीं होता। आर्थिक विकास के बिना ऊपर की राजनीति महज़ शब्द-विस्फोट की राजनीति है। वह ताश का महल है। उसकी सक्रियता केवल गुटबन्दी और गुटीय संघर्ष में है।

शरद पवार ऐसी राजनीति करने की कल्पना भी नहीं कर सकते क्योंकि उनका शैक्षिक और राजनीतिक विकास एकदम अलग परिवेश में हुआ। इसीलिए उन्होंने शब्दों की राजनीति न कर कृतित्व की राजनीति की। उन्होंने समाज के सदस्यों के विकास की आवश्यकता पर ध्यान दिया। इसके लिए उन्होंने बुद्धिजीवियों, विद्वानों से विचार-विमर्श किया तथा सामाजिक, आर्थिक विकास का ढाँचा तैयार किया। इसका सबसे पहला मॉडल उन्होंने बारामती को बनाया। उन्होंने कृषि और कृषि-आधारित उद्योग धन्धे व क्षेत्रों पर ध्यान दिया। विशेषज्ञों ने उन्हें बताया कि जब तक हमारे खेतों का उत्पादन नहीं बढ़ता, किसान सुखी सम्पन्न नहीं हो सकता। बेहतर उत्पादन में ही उनकी आर्थिक समृद्धि है।

शरद ने नयी तकनीकों, नये कृषि-साधन और पशु-पालन की उन्नत विधियों को बढ़ावा दिया। उन्होंने शिक्षा और आधुनिकीकरण पर ज़ोर दिया। उन्होंने गाँव में ऐसी आर्थिक सम्भावनाएँ पैदा कीं कि वहाँ के लोग वहीं गाँव में रोज़गार पायें, उन्हें काम की तलाश में शहर न भागना पड़े। स्थानीय स्तर पर हर एक गाँववासी को काम या धन्धा मिलना चाहिए। तभी गाँव में व्याप्त सामाजिक और आर्थिक तनाव दूर होंगे और लोग गाँव में सुख-सन्तोष का जीवन व्यतीत करेंगे।

बहुत से लोग उनकी बात का मर्म समझे, बहुत से नहीं समझे। शरद पवार अपने ज़िले के हर आदमी को उसके नाम से चीन्हते थे, क्योंकि वे सब उनकी विकास-योजनाओं से जुड़े हुए थे। कुछ लोग दूर खड़े देखते रहे।

शरद को कभी अपने चुनाव-क्षेत्र में चुनाव के दिनों में अपना प्रचार नहीं करना पड़ा क्योंकि वहाँ का हर ग्रामीण उनका प्रचारक था। उन्हें अपने नेता पर भरोसा था।

शरद पवार के ऐसे ही अग्रगामी विचारों की वजह से आम आदमी, ख़ास आदमी, दोनों वर्गों को उन पर अटूट विश्वास है। वर्ष 2003 में 20-21 जुलाई को शरद पवार ने अद्‌भुत साहस का परिचय दिया। देश के जातिवादी, कट्टरतावादी दलों को हिलाने के लिए वे सभी धर्मनिरपेक्ष शक्तियों के साथ एकजुट होने

के लिए साथ खड़े हुए। विपक्ष एकता कायम करने के लिए उन्हें कांग्रेस से गठबन्धन से भी परहेज़ नहीं था। 10, सफदरजंग लेन पर वे सोमनाथ चटर्जी, मुलायम सिंह यादव आदि के साथ चित्रों में दिखे पर जब वहाँ सोनिया गाँधी के नाम और प्रधानमन्त्री पद की उम्मीदवारी के लिए उन्हें कट्टरतावाद दिखा, उन्होंने इस समझौते से इनकार कर दिया। उन्होंने कहा, उन्हें शर्तों की राजनीति स्वीकार नहीं। जो स्वाभिमान की राजनीति करता हो उसे शर्तों की राजनीति कैसे स्वीकार हो सकती है!

सब चैनल पर पत्रकार करन थापर के कोर्टमार्शल कार्यक्रम में शरद पवार ने पत्रकारों के प्रश्नों का जवाब देते हुए इस बात पर ज़ोर दिया कि वे स्वयं को धर्मनिरपेक्ष ताक़तों के ज़्यादा निकट पाते हैं। रही बात कांग्रेस से समझौते की। शरद कहते हैं, 'मैं तो ख़ुद चालीस साल कांग्रेस में रहा, मैं कांग्रेस के विरुद्ध भला कैसे हो सकता हूँ?'

बुद्धिजीवी, शरद पवार की निर्भीकता से प्रसन्न होते हैं। उन्होंने एक जगह कहा, 'राजग ने मिलजुल कर सरकार बनाई, ठीक है। सरकार बनाने के बाद उन्हें आतंकवाद के खिलाफ़ गठबन्धन करना चाहिए था। उन्हें बेरोज़गारी के खिलाफ़, महिलाओं पर हो रही हिंसा के खिलाफ़ लड़ना चाहिए था पर इनके पास बस मन्दिर ही एक विषय रह गया है। ये कितने साल मन्दिर के नाम पर राजनीति करेंगे।'

सकारात्मक सोच और प्रेरक सन्देश में भी शरद पवार पीछे नहीं रहते। सन् 2003 के 15 अगस्त को एक टी. वी. कार्यक्रम 'सारे जहाँ से अच्छा' में शरद जी ने कहा, 'जैवतान्त्रिकी, दूरसंचार जैसी बड़ी सम्पदाएँ हमारे पास हैं। इन पर हम परिश्रम करें तो विश्वशक्ति बन सकते हैं। लोग हमारे तकनीकी विशेषज्ञों से डर जाते हैं। एक ज़माने में हम सोये हुए थे, अब हम जाग गये हैं। हमें पूरे आत्मविश्वास से आगे बढ़ना चाहिए।'

विद्या प्रतिष्ठान

बारामती में, विद्या प्रतिष्ठान के उत्तर-आधुनिक, शिक्षा-भवनों के समूह में इस वक़्त दोपहर की धूप उतर रही थी, पेड़ों के साये लम्बे हो रहे थे और विद्यार्थी कक्षाओं से निकलकर घर की राह जा रहे थे। परिसर के अन्दर पक्की सड़कें, दोनों तरफ़ छायादार पेड़, बीचोबीच हरा-भरा लॉन, सामने कला, विज्ञान व वाणिज्य महाविद्यालय का अत्याधुनिक भवन कुछ देर को विस्मृत करवा देता है कि हम इस समय महाराष्ट्र के ग्रामीण क्षेत्र में घूम रहे हैं। मुख्य मुम्बई में भी ऐसे शिक्षा-भवन दुर्लभ हैं। मोटे अन्दाज़ से गिना जाय तो यहाँ 5000 से भी ज़्यादा छात्र-छात्राएँ हायर सेकेंडरी से लेकर परास्नातक स्तर तक की शिक्षा ग्रहण करते हैं। यहाँ कक्षा बारह तक की छात्राओं को निःशुल्क शिक्षा दी जाती है। यह प्रगतिशील निर्णय शरद पवार का है जो विद्या प्रतिष्ठान के अध्यक्ष हैं। उनका सपना है कि गाँव के किसान, मज़दूर, चरवाहों के बच्चे शिक्षा से वंचित न रह जायँ। इसके लिए तीस साल पहले उन्होंने विद्या प्रतिष्ठान की नींव रखी। संस्था का मिशन है कि गुणात्मक शिक्षा द्वारा ग्रामीण विकास का लक्ष्य प्राप्त किया जाय जिसके लिए ग्रामीण विद्यार्थियों को मूल्य-परक शिक्षा और पठनेतर गतिविधियों से जोड़ा जाय। यहाँ कृषि, स्वास्थ्य-रक्षा, उद्यमिता, तकनीकी और पर्यावरण जैसे क्षेत्रों में अधुनातन विधियों द्वारा शोध किया जाय। बच्चों के सर्वांग सन्तुलित निर्माण के लिए शिक्षण की उच्चतम परम्पराओं का पालन कर उन्हें प्रेरित किया जाय।

छोटे-बड़े लड़के-लड़कियाँ ज़्यादातर पैदल घर की तरफ़ जा रहे हैं। इन्होंने कॉन्वेंट के छात्रों की तरह जूते-मोज़े नहीं पहने हैं, प्रायः पैरों में हवाई स्लिपर दिखे पर सबके कपड़े घर के धुले और उजले। कई छात्रों ने तो मामूली पिशवी (कपड़े का थैला) में किताब कॉपी रखी हुई हैं पर सबके चेहरे पर संकल्प का सौन्दर्य। मैं कॉलेज के प्राचार्य डॉ. अरुण अडसूल से मिलता हूँ। बायोटैक्नॉलॉजी विभाग की प्रमुख समन्वयक डॉ. सुषमा चाफेलकर से भी वहीं, उनके कार्यालय में मुलाकात होती है।

दोनों के व्यक्तित्व भिन्न हैं किन्तु शरद पवार के विषय में उनके विचारों

में एकरूपता है। डॉ. अडसूल कहते हैं, वे ऐसे अध्यक्ष हैं जो कॉलेज में ज़रा भी हस्तक्षेप नहीं करते हैं। सुषमा चाफेलकर कहती हैं, वे बहुत शालीन व्यक्ति हैं। डॉ. अडसूल से पता चलता है कि शरद की स्मरणशक्ति चमत्कारिक है। जिस बिन्दु पर पिछली मीटिंग ख़त्म की, छह महीने बाद, उसी बिन्दु से फिर मीटिंग शुरू कर देते हैं। सबसे अच्छी बात है वे शिक्षा में राजनीति की मिलावट नहीं करते। कार्य-योजना तो ऐसी सविस्तार बनाते हैं कि हम दंग रह जाते हैं। सारी सूचनाएँ इकट्ठी करेंगे, फिर सारे प्लस और माइनस पॉयण्ट्स सामने रखेंगे, फिर हम सबके साथ मिल बैठकर निर्णय लेंगे। जैवतान्त्रिकी महाविद्यालय बनाने के पहले शरद सब बड़े बायोटेक कॉलेजों में गये, उनका स्वरूप देखा, तब कॉलेज यहाँ खोलने की सोचा। डॉ. सुषमा का विचार है कि शरद पैसे की जगह प्रोत्साहन बाँटते हैं इसीलिए कामयाब हैं। डॉ. अडसूल कहते हैं कि पवार साहब काम लेने में सिद्ध और सावधान हैं। वे कोई ऐसा सवाल कर बैठते हैं कि तुरन्त सतर्क हो जाना पड़ता है।

प्राचार्य बड़े प्रेम से चाय मँगाते हैं। चाय बहुत मीठी है जबकि डॉ. सुषमा के सुन्दर-स्मार्ट व्यक्तित्व में नमक और चीनी, दोनों का मेल है। मैं पूछता हूँ, 'पिछले दिनों मराठवाडा यूनिवर्सिटी का नाम-परिवर्तन होना था। उसको लेकर क्या समस्या थी?'

डॉ. सुषमा बताती हैं, 'अब तो यह बात काफ़ी पुरानी हो गयी। समस्या यह थी कि महाराष्ट्र में सात ज़िले और मिल जाने के बाद मराठवाडा विद्यापीठ बनी। मराठवाडा मराठी भाषा की जन्मभूमि माना जाता है। इसकी जड़ों में स्वामी रामानन्द तीर्थ, बाब साहब परांजपे, गोविन्दभाई श्रॉफ का योगदान था। डॉ. बाबासाहेब अम्बेडकर का भी यही विचार था कि जब तक समाज के सबसे पिछड़े कुचले वर्ग तक शिक्षा नहीं पहुँचती, देश का विकास अधूरा रहेगा। तो यहाँ नामान्तरण की जगह नाम-विस्तार करना था। इसको लेकर पहले ही काफ़ी बहस और झगड़े हो चुके थे। पवार साहेब ने इसका नाम-विस्तार किया, 'डॉ. बाबासाहेब अंबेडकर मराठवाडा विद्यापीठ'।' सुषमा जी को मैंने टोका नहीं किन्तु मैं उस पूरे प्रसंग को अच्छी तरह जानता हूँ। मुझे मालूम है कि मराठवाडा, विशेषकर औरंगाबाद में लोगों ने मुग़लों के विरुद्ध अपनी भाषा और संस्कृति की रक्षा में लम्बा और कठिन संघर्ष किया था।

डॉ. अडसूल कहते हैं, 'ये सब तो उनके कर्तव्यपक्ष की बातें हैं। वैसे वे कवियों, लेखकों, पत्रकारों और शिक्षकों के साथ बड़ा मित्र-भाव रखते हैं।'

कॉलेज के स्टाफ के अन्य सदस्यों से बात करने पर पता चलता है सभी के पास शरद पवार का कोई न कोई अमिट संस्मरण है।

इसका सीधा अर्थ यह निकलता है कि शरद कभी भी किसी के प्रति कोई नकारात्मक संकेत नहीं देते। वे पहले ही भाँप लेते हैं कौन उनकी आत्मीयता के योग्य है। उन्होंने शिक्षा का बुनियादी ढाँचा बारामती में डाला और निरन्तर उसमें विकास किया।

इस विद्यानगरी के प्रशासनिक भवन में प्रशासन अधिकारी श्री मुखोपाध्याय से भेंट हुई। उनके कार्यालय परिसर में पलाश के पेड़ों पर चटख लाल फूल खिले हैं। आम बौरा रहा है। कई छोटे-बड़े फव्वारे चल रहे हैं। चारों तरफ़ हरियाली और नमी है। फूल इतरा रहे हैं। इन सब के बीच वह सफेद स्फटिक समान स्वच्छ सुन्दर इमारत फ़िल्मी सेट की तरह खड़ी है। यह है यहाँ का 'जन वस्तु संग्रहालय'। मुखोपाध्याय जी स्पष्ट करते हैं, 'पवार साहेब 50 साल से पॉलिटिक्स में हैं। वे सर्वोच्च सार्वजनिक पदों पर रहे। उन्हें देश-विदेश में आमन्त्रित किया जाता है। वहाँ सौजन्य स्वरूप जो उपहार दिये जाते हैं, उन्हें वे जनता के हित में बारामती के संग्रहालय को दे देते हैं। शरद पवार जी का सिद्धान्त है कि ये उपहार उनके पद को मिले हैं, व्यक्ति को नहीं। फिर इन्हें घर में रखने का उन्हें क्या हक है। लिहाज़ा पैटन टैंक के मॉडल से लेकर पेन तक, यहाँ सब कुछ मौजूद है। पेन तो हज़ारों की संख्या में हैं। इसी तरह कृषि उपकरणों के मॉडल, गणेश जी की प्रतिकृतियाँ, तरह-तरह के वायुयान के मॉडल, यहाँ तक कि टाई-पिन भी यहाँ जमा है। बीच में घूमने वाला पैनल है जिसमें शरद के दुर्लभ चित्र हैं, विश्व की अग्रणी हस्तियों के संग। कहीं वे मार्गरेट थैचर से हाथ मिला रहे हैं, कहीं बिल क्लिंटन के साथ बतिया रहे हैं, कहीं अटल जी उन्हें सम्मानित कर रहे हैं तो कहीं वे पी. सी. एलेक्जेंडर के साथ वार्तालाप कर रहे हैं। समस्त चित्र, दीवारें, काँच व निधियाँ एकदम स्वच्छ और प्रदीप्त हैं। कहीं किसी दरवाज़े के हैंडिल तक पर धूल का कण नहीं मिला। उत्तर प्रदेश के निजी व सरकारी कार्यालयों में हर दीवार से बच कर चलना पड़ता है, हर वस्तु छूने के बाद हाथ धोने पड़ते हैं। संग्रहालय में लोग आ रहे हैं, जा रहे हैं। पता चला आसपास के गाँवों में लोगों के घरों में अगर कोई मेहमान आ जाता है तो उसे दर्शनीय स्थलों में 'जन वस्तु संग्रहालय' भी घुमाया जाता है।

विद्या प्रतिष्ठान में अभी बहुत सी संस्थाएँ देखना बाकी थीं। अगले दिन हम ऐसी जगह पहुँचे जहाँ की सारी मेंड़ हरी-पीली घास से आच्छादित थी। यह विद्या सूचना प्रौद्योगिकी संस्थान था जो ग्रामीण विद्यार्थियों को कम्प्यूटर-साक्षरता के साथ-साथ सूचना देने का काम भी करता है। यहाँ सूचना प्रौद्योगिकी में स्नातक स्तर की शिक्षा मिलती है। संस्था के प्रमुख चाहते हैं कि हम रुक कर

संस्था का अन्तर्बाह्य जान लें। यहाँ समूचे भारत से छात्र आते हैं। कॉलेज पुणे विश्वविद्यालय से सम्बद्ध है और यहाँ कम्प्यूटर विज्ञान से सम्बन्धित स्नातक, परास्नातक स्तर तक का पाठ्यक्रम पढ़ाया जाता है। यहाँ कॉर्पोरेट प्रशिक्षण की भी सुविधा है। 826 छात्र-छात्राओं के लिए हॉस्टलों में स्थान उपलब्ध करता है यह कॉलेज। इमारतों की वास्तुकला विदेश में स्थित यूनिवर्सिटी की परिकल्पना सरीखी है। पता चलता है सूचना प्रौद्योगिकी परिसर कुल आठ महीने में बनकर तैयार हुआ है। इसके उद्घाटन की तिथि पहले तय कर ली गयी थी, तब इसका निर्माण प्रारम्भ हुआ। किसी भी काम में शरद पवार को न विलम्ब सह्य है न शिथिलता। अतः यह परिसर रेकॉर्ड टाइम में पूरा करवाया गया। संस्था के निदेशक श्री अमोल गोजे मुस्कुराते हुए कहते हैं, 'हम सूचना तकनीकी तो सिखाते ही हैं, साथ ही यहाँ की बीसियों संस्थाओं का संचालन, नियन्त्रण भी यहीं से कर लेते हैं।' अमोल गोजे भी शरद पवार की उर्वर कल्पनाशक्ति, उदार दृष्टि और सकारात्मक सोच के कायल हैं।

'मैंने आज तक उन्हें गुस्सा करते नहीं देखा, वैसे मैं उन्हें केवल चार साल से जानता हूँ। लेकिन इतना मैंने स्पष्ट जान लिया है कि शरद के अन्दर ग्रामीण विकास की एक परिकल्पना है। उनका मत है कि पहले गाँवों में लोग केवल साक्षरता चाहते थे, थोड़ा-सा पढ़ना-लिखना आ जाय, अपने काग़ज़ों पर ख़ुद दस्तख़त कर लें, बस। लेकिन आज गाँव में भी लोग कम्प्यूटर चलाना चाहते हैं, ग्रामीण परिवारों को अपने बच्चों के लिए डिजिटल साक्षरता चाहिए। शरद पवार स्वयं कम्प्यूटर विज्ञान की जानकारी रखते हैं और वे चाहते हैं कि इस क्षेत्र में भारत दुनिया भर से आगे निकले।'

निदेशक मुझे एक सी.डी. भेंट करते हैं जिसमें कॉलेज के बारे में समस्त जानकारी दी गयी है और कहते हैं, 'पवार साहब की निर्णयक्षमता इतनी तेज़ है कि पूछिए मत। उन्होंने दो मिनट के इण्टरव्यू में मुझे चुन लिया और यहाँ नियुक्त किया।'

बी. एड. कॉलेज को स्थापित हुए बारामती में तेरह साल हो चुके हैं। यह भी पुणे विश्वविद्यालय से सम्बद्ध है। यहाँ मराठी माध्यम से प्रशिक्षण दिया जाता है। इसी तरह विद्या प्रतिष्ठान में क़ानून की पढ़ाई के लिए लॉ कॉलेज है जहाँ एल. एल. बी. और एल. एल. एम. के पाठ्यक्रम पढ़ाये जा रहे हैं। यहाँ की लायब्रेरी विशाल और अधुनातन है। सेकेंडरी, प्राइमरी और प्री-प्राइमरी स्कूल भी इस परिसर में अलग-अलग भवनों में फैले हुए हैं। महाराष्ट्र इण्डस्ट्रियल डेवलपमेंट कॉर्पोरेशन के सहयोग से भी इनमें से कुछ स्कूल हैं जहाँ अंग्रेजी माध्यम से शिक्षा दी जाती है। बाल विकास मन्दिर, मगरपट्टा सिटी पब्लिक स्कूल, इंग्लिश

मीडियम स्कूल, मराठी मीडियम स्कूल, बच्चों की चहल पहल से गुलज़ार है। मुझे बार-बार जिज्ञासा होती है कि अकेली बारामती में आख़िर कितनी जनसंख्या होगी जो यहाँ इतने छात्र दिखाई दे रहे हैं। पर हर संस्था में जानकारी मिलती है कि महाराष्ट्र के अलावा अन्य राज्यों के भी छात्र यहाँ आकर शिक्षा ग्रहण करते हैं, इतनी ख्याति इन संस्थाओं की है। निकटवर्ती गाँवों, संस्थाओं में कम्प्यूटर विज्ञान की शिक्षा देने के लिए विद्या प्रतिष्ठान ने सचल वाहन की व्यवस्था की हुई है।

बारामती की विद्यानगरी में घूमते हुए, कुछ देर को यह भूल जाते हैं कि शरद पवार राजनीति से जुड़े विश्वविख्यात नेता हैं। यहाँ वे शिक्षा शास्त्री के व्यक्तित्व में प्रकट होते हैं। वे केवल शोभाकारी अध्यक्ष नहीं हैं। उन्होंने भारत के विकास का रास्ता गाँव की पगडंडी से देखा है। इसीलिए वे बारामती में शिक्षा के क्षेत्र में हर सुविधा उपलब्ध करवा रहे हैं। इसके लिए वे सरकार, सहकार, विदेश का सहयोग अर्थात् समस्त स्रोतों से सहायता लेकर विश्वस्तर का शिक्षा-परिसर बनाते हैं। वे जानते हैं यह रास्ता विज्ञान और तकनीकी के माध्यम से तय किया जा सकता है, वे विज्ञान और तकनीकी के शिक्षण पर भरपूर ज़ोर देते हैं। अपनी समस्त परियोजना में वे गाँव वालों को साथ लेकर चलते हैं। विद्या प्रतिष्ठान की सभी इमारतों की संकल्पना, स्थानीय वास्तुविदों ने की है। 'जागतिक मराठी परिषद्' के अध्यक्ष डॉ. माशेलकर ने सही कहा है कि 'शरद पवार में हमें इक्कीसवीं सदी का ऐसा उच्च नेता दिखाई देता है जिसका जनसम्पर्क और जनस्पन्दन विपुल और व्यापक है। शरद पवार प्रेरणा-पुरुष हैं। वे विज्ञान और तकनीकी के उन्नायक हैं।'

इसमें कोई सन्देह नहीं कि शरद पवार में लगातार एक लगन लगी हुई है, देश के विकास की और उसका नमूना उन्होंने अपने चुनाव क्षेत्र बारामती का विकास कर, सामने प्रस्तुत कर दिया है। विश्वभर के विशेषज्ञ, तकनीशियन और जैवतन्त्र ज्ञानी बारामती आकर यहाँ उपलब्ध सुविधाओं और पाठ्यक्रम को देखकर दंग रह जाते हैं। शरद के इन कामों के पीछे उनकी राष्ट्रभक्ति की भावना भी सक्रिय है। इसीलिए 15 अगस्त 2003 को टी.वी. के एक चैनल पर 'सारे जहाँ से अच्छा' कार्यक्रम में उन्होंने कहा, 'सूचना, संचार और जैवतान्त्रिकी के ज्ञान की इतनी बड़ी सम्पदा हमारे पास है। इसमें अगर हम मेहनत करें तो हम विश्व-शक्ति बन जायँ। बाहर के लोग हमारे टैक्नोक्रेटों से डर जाते हैं, सावधान हो जाते हैं। एक ज़माने में हम सोये हुए थे, अब हम जाग गये हैं।'

टेलीविज़न के एक कार्यक्रम में उन्होंने देशवासियों के नाम सन्देश दिया कि, 'आज़ादी की छप्पनवीं सालगिरह पर मैं यही कहूँगा कि भारतवासियों को

जाति, धर्म और भाषा की राजनीति छोड़नी होगी, एकजुट होकर शक्तिशाली, शिक्षित राष्ट्र बनाना होगा। लेकिन सबसे बड़ी बात यह है कि इस सबके लिए हमें आबादी भी नियन्त्रण में रखनी होगी।'

शिक्षा और विकास के प्रति अनुराग पूरे पवार-परिवार में रहा है। इस अनुराग की जड़ें गहरी गयी हैं। शरद स्वयं रैयत शिक्षण संस्थान के विद्यार्थी रहे हैं। शिक्षा का माध्यम मराठी था। इंग्लिश का केवल अक्षर ज्ञान उपलब्ध था। प्राइमरी स्तर की पढ़ाई के बाद वे हाई स्कूल के लिए बारामती आ गये। किन्तु माता-पिता और भ्राता सबके विचारों के कारण रैयत शिक्षण संस्थान के आदर्शों को वे महत्त्व देते रहे। रैयत शिक्षण संस्थान के संस्थापक भाऊराव पाटील की ही भाँति शरद पवार का यह विचार है कि सही शिक्षा-दीक्षा से जन-जन के अन्दर कर्तव्य और अधिकार के प्रति सन्तुलित चेतना का विकास होगा। रैयत शिक्षण संस्थान का उद्देश्य धर्मनिरपेक्ष, जाति-निरपेक्ष शिक्षा प्रदान करना रहा है। इस संस्थान के, समस्त महाराष्ट्र में, 600 से भी अधिक स्कूल चल रहे हैं। शरद पवार की अध्यक्षता में रैयत शिक्षण संस्थान बहुत उत्कृष्ट ढंग से समाज के सभी वर्ग व धर्म के विद्यार्थियों को शिक्षा प्रदान कर रहा है। इससे पूर्व श्री यशवन्तराव चव्हाण ने आजन्म इस संस्थान को संरक्षण दिया।

शरद पवार इतनी सरलता से शिक्षा-संस्थाएँ बना और विकसित कर लेते हैं कि उन्हें एक नया नाम दिया जा सकता है शरद संस्था पवार। अपनी महान आई की स्मृति को शाश्वत करने की दृष्टि से पवार साहब ने बारामती में शिक्षा संस्थाओं का एक और समूह भी शारदा नगर में बना डाला। यहाँ शारदाबाई पवार महिला महाविद्यालय तो था ही। उसी की सहयोगी शिक्षा संस्थाएँ कुछ ऐसे बनायीं कि वहाँ पाँचवीं से लेकर बारहवीं कक्षा तक की पढ़ाई होने के साथ-साथ उच्च शिक्षा की भी व्यवस्था है। बी.एड., डी.एड., बी.ए. और बी. कॉम. के पाठ्यक्रम यहाँ उपलब्ध हैं। इन कार्यों में अप्पासाहेब पवार का मार्ग-निर्देशन भी उन्हें मिलता रहा।

बारामती से कुछ मील दूर मालेगाँव में इंजिनियरिंग और टैक्नॉलॉजी शिक्षण संस्थान है। जो संस्था यह कॉलेज चलाती है, शिवनगर विद्या प्रसारक मण्डल, उसके अध्यक्ष भी शरद पवार ही हैं। इस संस्था को 1972 से मालेगाँव सहकारी साखर कारखाना, शिवनगर द्वारा वित्त-पोषित किया जाता है। यहाँ भी नर्सरी से लेकर परास्नातक स्तर तक की पढ़ाई होती है।

काटेवाडी

काटेवाडी का ज़िक्र बारामती में बार-बार आता रहा। कभी शरद पवार के जन्मगाँव के रूप में तो कभी पवार-परिवार की इतिहास-गाथा के रूप में। एक दिन हमने काटेवाडी की तरफ़ रुख किया। अभी तक इस गाँव के बारे में सुना और पढ़ा था।

रास्ते में छोटे-छोटे गाँव पड़ते रहे। लिमटेक आने पर येड़े ने एक तरफ़ इशारा किया, 'वह देखिये मेरा घर।'

पानी की टंकी के पास साफ़-सुथरा छोटा-सा मकान था।

'यहाँ से काटेवाडी सिर्फ़ 2 किलोमीटर पर है।' उसने कहा।

थोड़ी दूर चलने के बाद पवार-फार्म की हद शुरू हो गयी, गोया हरे, पीले, सुनहरे रंग धरती पर बिखर गये। कहीं गन्ने (ऊस) की फ़सलें लहलहा रही हैं तो कहीं लाखों की गिनती में गेंदे के फूल खिले हुए हैं। वहीं डेज़र्ट पाम, चाइना पाम, बड़ और पीपल के वृक्षों से घिरा एक मकान है जहाँ आशाताई रहती हैं। उसी लॉन में ज़रा अलग हटकर लाल टीन की छत का वह पुराना घर है जहाँ शरद पवार का जन्म हुआ तथा उन्होंने यहाँ अपना लड़कपन बिताया। यह छोटा सा ऊँघता हुआ सा गाँव है। पहले यहाँ सब कच्चे मकान थे, अब पक्के मकान दिखाई देते हैं। ज़्यादातर लोग खेती करते हैं या चीनी मिल में काम। गो-पालन का भी व्यवसाय चलता है।

लाल टीन की छत वाले छोटे घर में, कमरे के अन्दर बैठने की भारतीय पद्धति है। ज़मीन पर अलग-अलग तीन गद्दे पड़े हैं, उन पर हरी पट्टी की धवल चादरें हैं। एक आदमी दरवाज़े के हैंडिल की मूठ को कपड़े से रगड़ कर साफ़ कर रहा है। पता चलता है ये बापू पवार हैं, सफाई के इनचार्ज।

हम पूछते हैं, 'क्या पवार साहेब आने वाले हैं?'

'नहीं,' उनकी गर्दन इनकार में हिलती है।

'फिर यह सफाई?'

'मैं मेरा काम करता, साहेब को जब आना माँगता, आते वो। ये मेरा दर रोज़ का काम आहे।'

'जहाँ आज बगीचा है वहाँ पवार-परिवार की गायों का तबेला था। सौ गायें थीं यहाँ। उधर बरामदे वाले कमरों की तरफ़ खाली जगह थी, वहाँ दस लाख मुर्गियाँ थीं।' बन्ने ख़ान परिवार का ड्राइवर बताता है।

'दस लाख!'

'जी।'

अभी भी ताँगे का रंग-बिरंगा मॉडल आँगन में खड़ा है।

दूसरे, अपेक्षाकृत नये मकान में सूचना भेजी जाती है।

तुरन्त शरद की भाभी आशाताई लॉन में आ जाती हैं। दुबली-पतली आशाताई ने शरबती रंग की लखनवी साड़ी पहनी हुई है। सादगी से भरा सौम्य व्यक्तित्व। आशाताई के पुत्र श्री अजित पवार महाराष्ट्र मन्त्रिमण्डल के सदस्य रहे हैं। पेड़ के नीचे बड़ा-सा झूला पड़ा है। वे आत्मीयता से झूले पर बिठाती हैं। पास ही टोकरी में बेर रखे हैं।

'तुमि घ्या, गोड़ आहे, (तुम लो, मीठे हैं)', आशाताई कहती हैं।

राम और शबरी की कथा स्मरण हो आती है। लेकिन बेर जूठे नहीं हैं, मीठे हैं।

यहाँ भाषा के बिना भी अभिव्यक्ति है। मुझसे यह सुनने पर कि मैं देवर-भाभी के रिश्ते पर उनसे मिलने आया हूँ, वे हँसती हैं, शुभ्र दन्तपंक्ति वाली हँसी। फिर कहती हैं, 'शरद ने मेरे साथ कभी झगड़ा नहीं किया। आपस में भाई-बहन का भी झगड़ा नहीं हुआ। सब प्रेम से रहते थे।'

यह सब बातचीत मराठी में चल रही है। कभी कोई ज़रूरी शब्द पल्ले नहीं पड़ता है तो सारा वाक्य विन्यास गड़बड़ा जाता है।

हमारी दिक़्क़त पहचान कर अतुल गोसावी पास आ जाते हैं। वे ग्यारह साल से यहाँ स्टुअर्ड हैं।

'जब शरद जी गाँव आते हैं तो क्या खाना पसन्द करते हैं?' मैं पूछता हूँ।

'थालीपीठ,' आशाताई बताती हैं। वे समझाती हैं, 'सारे अनाज को भून कर पीस कर पीठ (आटा) बनाते हैं, उसमें नमक-मिर्च डाल कर मोटी भाखरी बनती है।'

अतुल गोसावी दुभाषिये बने हुए हैं। पर मैं थालीपीठ से ख़ूब अच्छी तरह परिचित हूँ। दिल्ली में महाराष्ट्र भवन में थालीपीठ खाया है।

'आपके साथ होली खेलते हैं?'

आशाताई मुस्कुराती हैं, 'जब छोटे थे तब होली खेलते थे। पर उनको

क्रिकेट, वॉलीबॉल, हू तू तू ज़्यादा पसन्द था। तब कभी नहीं सोचा था कि ये इतने ऊपर जायेंगे।'

दीवाली का ज़िक्र करते ही सब सक्रिय हो जाते हैं। उत्साह से बताते हैं कि दीवाली पर यहाँ 4000 लोग आते हैं। पुणे, बारामती के सारे होटल, गेस्ट हाउस भर जाते हैं। चार दिन तक रौनक रहती है। शरद जी, प्रतिभा जी, सुप्रिया जी सब आते हैं। परिवार के सदस्य 110 से भी ज़्यादा हैं। सब इकट्ठे होते हैं दीवाली को। सब का खाना-पीना साथ में होता है। जितने भी लोग मिलने आते हैं, लड्डू, चिवड़ा, चकली, करंजी, सेब हरेक को दिया जाता है। दो किलोमीटर तक पार्किंग होती है।

आशाताई बताती हैं, 'दीवाली पर आते हैं और सब लोगों के साथ ऐसे ही बैठते हैं ज़मीन पर। अपने को ऊँचा नहीं समझते। एक-एक से बात करेंगे।'

अतुल गोसावी कहते हैं, 'अगर काम से बाहर जाते हैं तो चाहे रात के तीन बजे लौटें, सवेरे वही सात बजे तैयार मिलेंगे। मेरा बचपन का भी नाम याद है उन्हें, इतने कमाल की मेमोरी है उनकी।'

'क्या बाहरी लोग भी शामिल होते हैं दीवाली के जश्न में?'

'बहुत बड़े-बड़े लोग आ चुके हैं इधर। अब जो अपने राष्ट्रपति थे डॉ. ए. पी. जे. अब्दुल कलाम, चन्द्राबाबू नायडू, दिग्गी राजा, आई. के गुजराल, चन्द्रशेखर, राजेश पायलट, फारुख अब्दुल्ला, शबाना आज़मी, संगमा, तारिक अनवर और पी. सी. एलेक्जेंडर साहब भी हमारे यहाँ आ कर रहे हैं।'

वापसी में श्री क्षेत्र कान्हेरी का मारुति मन्दिर देखने का भी कार्यक्रम रखा हुआ है। काटेवाडी में कान्हेरी क्षेत्र का यह मन्दिर पहले, बहुत उपेक्षित, जीर्णशीर्ण उपासना स्थल था। लेकिन शरद पवार विद्यार्थी काल से ही यहाँ आया करते। उनकी किसान आँखों को मन्दिर तक का कच्चा रास्ता और दायें-बायें उगी हुई गेहूँ और गन्ने की फ़सलों को निहारना अच्छा लगता। मन्दिर और भगवान में शरद पवार का विश्वास तो है, अन्धविश्वास नहीं है। गाँववालों को मारुति मन्दिर में मत्था टेकते देखते उन्हें लगता यह एक विराट शक्ति के प्रति मनुष्य का नमन है। उन्होंने तभी तय कर लिया कि जब मेरे पास समय और साधन होंगे मैं इस स्थान का जीर्णोद्धार करूँगा। यह अवसर आया 1988-89 में। शरद ने इस प्राचीन मन्दिर के बाह्य परिसर का सौन्दर्यीकरण किया, अन्दर पक्का फ़र्श बनवाया किन्तु देव-प्रतिमा को जस का तस रहने दिया। अब यह बारामती ज़िले की सुन्दर जगहों में परिगणित होती है। लोगों की मान्यता है कि यह एक 'जाग्रत' देवस्थल है।

दिलचस्प बात है कि मन्दिर परिसर में घुमाने का जिम्मा उठा रखा है बन्ने ख़ान ने। भारतीय धर्म के निषेधों के विषय में उसकी जानकारी हमसे ज़्यादा है। मारुति मन्दिर में एक स्थल पर कार्तिकेय की भी प्रतिमा है।

बरामदे में एक ओर दानकर्ताओं के नाम लिखे हैं। फाटक पर लिखा हुआ देखा था, 'कैलाशवासी गोविन्दराव जिजाबा पवार और कैलाशवासी शारदाबाई गोविन्दराव पवार की स्मृति में जीर्णोद्धार।' मन्दिर के अन्दर मारुति प्रतिमा के सामने तीन नेत्रहीन भक्त हाथों में इकतारा थामे अभंग गा रहे हैं। इनमें दो स्त्रियाँ और एक पुरुष हैं। अभंग की धुन उदास, निराश और निसंग है। थोड़ी देर सुनकर वानप्रस्थी हुआ जा सकता है।

लोग बताते हैं पिछले चालीस साल से यहाँ यह परम्परा चली आ रही है। घर-द्वार से वैरागी भक्त यहाँ खड़े होकर अभंग गाते हैं। कहा जाता है, यहाँ का इकतारा कभी मौन नहीं होता, न ही कभी अभंग-गान थमता है।

मन्दिर का घंटा बजने पर दृश्य में वर्तमान काल लौटता है। एक-दो गाँववाले भी हमारे साथ हैं। वे कहते हैं, 'चुनाव के समय अपना कैम्पेन शुरू करने के पहले पवार साहब इधर आकर मारुति भगवान के दर्शन करते हैं, नारियल फोड़ते हैं तब चुनाव प्रचार में क़दम रखते हैं। सब उसी की बदौलत है।'

येड़े गर्दन हिला रहा है।

वापसी में येड़े कहता है, 'साहेब हमेशा ऐसा नहीं करते। ये खेड़े वाले उनको पकड़कर ले जाते कि आप ऐसा करो। साहेब को टाइम ही नहीं है।'

बारामती में कई दिन हो गये हैं। वापस पुणे जाना है। लेकिन अभी बहुत सी विकास-गाथा बाकी है। शरद के लगाये हुए फलोद्यान देखने हैं। उनकी बागवानी की परिकल्पना देश-विदेश में प्रसिद्ध है, उसकी झलक तो लेनी ही है।

अगले दिन एक बार फिर मालेगाँव के लिए निकलते हैं। राह सुहानी है। सड़क के दोनों तरफ़ अंगूर की दुकानें सजी हैं। काले और अंगूरी रंग के इन अंगूरों के झुमके दुकानदारों ने लाइन से लटका रखे हैं। दूर से तो ये सुन्दर लग ही रहे हैं, पास से, हाथ में लेने का मन होता है। यहीं अंगूर के फार्मों के बीच मैकडोवल का नामपट भी पढ़ने में आ रहा है। यहाँ उनका वाइन बनाने का संयन्त्र है। बोस्का वाइन यहाँ बनती है। कई खेतों में रजनीगन्धा उगा हुआ है। रजनीगन्धा भी ऊस की तरह एक-दूसरे से अलग व कुछ दूर-दूर पर रोपा जाता है। येड़े कहता है, 'यह देखिये गुलछड़ी का फार्म।'

वाकई रजनीगन्धा की डंडी एकदम छड़ी जैसी सीधी, ऊर्ध्वमुखी है, फुनगी पर धवल, सुवासित फूलों का छोटा-सा गुच्छा। लोनी रेलवे स्टेशन के पास साइबर

कैफे है। थोड़ा आगे राष्ट्रीय द्राक्ष शोध केन्द्र बना हुआ है। अरुलि में संकल्प सिद्धि मन्दिर के दर्शन होते हैं।

अब हम मालेगाँव में गोविन्द बाग पर हैं। फाटक पर चौकीदार है पर सख्त नहीं है। शरद पवार का नाम लेने पर वह अन्दर जाने देता है। वैसा ही हरा भरा परिसर है, तरतीब से छँटी हुई घास के मैदान, पेड़-पौधों का सुन्दर संयोजन और बीच में एक खूबसूरत, खपरैल-ढकी कॉटेज। यहाँ कृषि और कृष्टि का विलक्षण संयोजन है। गोविन्दबाग का निर्माण शरद के पिताश्री स्व. गोविन्दराव पवार की स्मृति में हुआ है अतः यह स्मारक की गरिमा और सौन्दर्य से परिपूर्ण है। फाटक के पास एक बावड़ी है जिसमें नारंगी रंग की मछलियाँ तैर रही हैं। पानी के अन्दर उनका रंग चंचल **चपल** रश्मियाँ बिखेर रहा है जैसे जल के नीचे बल्ब जल रहे हों। गोविन्दबाग में बैलगाड़ी का मॉडल गौरव-चिह्न की भाँति रखा है मानो गृहस्वामी से कह रहा हो, मैं तुम्हारे जीवन का सबसे ज़रूरी अंग हूँ। इमारत का रंग भी मिट्टी का है, बारामती की मिट्टी का, अतः पक्का मकान भी कच्चे मकान जैसा लग रहा है। प्रतिभा जी की सुरुचि हर कोने से मुखर हो रही है।

परिसर से ही एक राह खुल कर खेतों की ओर जाती है, यहाँ अंगूर के बाग हैं। समस्त खेत थॉमसन प्लॉट योजना में विभाजित हैं, ज्यामितिक रेखा में अंगूर के पौधे लगे हैं, पौधों के ऊपर से रबड़ का पाइप गुज़र रहा है। सभी प्लॉट सींचे हुए हैं। एक जगह अंगूर की प्रजाति लिखी है पिंक द्राक्षे। यहाँ अंगूर के बहुत भारी गुच्छे झूल रहे हैं। आगे कुछ प्लॉटों में ऊस और केले लगे हैं। यह गुणात्मक बागवानी का नमूना-फार्म है। माली अंगूर का नन्हा सा गुच्छा तोड़ कर देता है 'दाखो।'

मैं कहता हूँ, 'सबको अन्दर आने देते हैं, कहीं धोखा न खा जाना।'

येड़े कहता है, 'नहीं खायेंगे, आप दाख खाके देखो न!'

फार्म के एक खेत में तरह-तरह की जड़ी-बूटियों की भी फ़सल उगाई हुई है जिनमें सर्पगन्धा, अडूसा, हरिद्र, बेहड़ा, खस, शतावरी, तुलसी, रक्तचन्दन, बकुल, सुरंगी, ब्राह्मी आदि शामिल हैं। बागवानी की समस्त योजना स्वप्न और यथार्थ के सामंजस्य पर टिकी नज़र आती है।

बारामती के ग्रामवासी बड़े गर्व से बताते हैं, 'एक बार उस समय के प्रधानमन्त्री राजीव गाँधी जी यहाँ आये। उन्होंने गन्ने की इत्ती अच्छी खेती देखकर पवार साहब से कहा, हमारी अमेठी में एकदम ऐनेमिक (कमज़ोर) गन्ना होता है। आप अपने विशेषज्ञ भेज कर अमेठी में ऐसी फ़सल उगा दीजिए। इसमें जो भी लागत लगे, मुझसे ले लीजिएगा।'

पवार साहब ने पास खड़े किसानों को दिखाकर कहा, 'फ़सल तो मैं उगा दूँगा, फंड आप खर्च करेंगे पर ऐसे मेहनती किसान कहाँ से लायेंगे? किसान की मेहनत के बगैर कोई फ़सल लहलहा नहीं सकती।'

राजीव जी चुप रह गये। वे देख चुके थे कि विकास के उनके सभी प्रयत्न अमेठी में एक-एक कर असफल हो रहे थे। उत्तर प्रदेश का किसान खेत में बीज डालने के बाद भगवान भरोसे रहने में ज़्यादा यक़ीन रखता है। वहाँ, तरक्की और खुशहाली की योजनाएँ खेतों, कारखानों की बजाय फ़ाइलों में ज़्यादा अच्छी तरह से चलती हैं।

लौटते समय बारामती हैचरीज़ पर भी कुछ देर ठहरे। यहाँ शरद के भतीजे राजेन्द्र पवार से भेंट हुई। पहले फाटक पर हमारी कार रोक कर चारों टायरों की धूल साफ़ की गयी, एयरस्प्रे के बाद हम मुख्य हॉल में पहुँचे। वहाँ बाहर ही जूते उतारे गये। दरअसल मुर्गी पालन केन्द्र पर स्वच्छता का बड़ा ध्यान रखना पड़ता है। मुर्गियों के बाड़ों में जाना ऐसा ही है जैसे नवजात शिशुओं की नर्सरी में जाना। 1988 से यह केन्द्र चल रहा है और इसे अनेक बार श्रेष्ठता प्रमाण पत्र प्राप्त हुआ है। राजेन्द्र पवार शरद के ज़िक्र से प्रेरित होकर कहते हैं, 'यह कोई बात नहीं कि वे यहाँ कितनी बार आते हैं। जब उन्हें समय होता है, वे यहाँ आ जाते हैं। जब सक्रिय राजनीति में नहीं होते तब वे यहाँ आकर सक्रिय हो जाते हैं। उनके राजनीतिक कैरियर में कई गड्ढे आये हैं। एक बार विदेश में वे थे तब पता चला कि उनकी पूरी पार्टी उनका साथ छोड़ गयी है। वे ज़रा भी विचलित नहीं हुए। वापस लौट कर उन्होंने फिर ज़िला स्तर से टूर करके अपनी पार्टी बना ली।'

'अंकल के उखड़ने से क्या आप लोग भी उखड़े हुए महसूस करते हैं।' हम पूछते हैं। राजेन्द्र जी गम्भीर व्यक्ति हैं। मज़ाक़ पसन्द नहीं करते। वे तथ्यात्मक उत्तर देते हैं।

'हम में से कोई भी राजनेता नहीं है। हम अपना काम करते हैं। एक बार मैंने किसी आदमी की लिखित सिफ़ारिश अंकल से कर दी। उन्होंने मेरी लिखित सिफ़ारिश उससे वापस ले ली और मेरी तरफ़ इतनी सख्ती से देखा कि मैं वह दिन आज तक नहीं भूला।'

'पवार अपने परिवार को राजनीति में देखना पसन्द नहीं करते। ऐसा क्यों?'

'वे ऐसा सोचते हैं कि पॉलिटिक्स इज़ नॉट एन एज़ाइलम (राजनीति कोई शरणस्थल नहीं है) जिसमें परिवार को घुसा लिया जाय।'

'कोई निजी, दिलचस्प बात बताइए,' हम कहते हैं।

'पवार साहब की साड़ी की पसन्द बहुत अच्छी है। जब मेरी शादी हुई तो मेरी पत्नी के लिए वे खुद छाँट कर बड़ी सुन्दर साड़ी लाये थे।'

'सामिष, निरामिष दोनों तरह का खाना पसन्द है उन्हें। टेबिल पर अच्छा भोजन हो, ऐसा वे चाहते हैं।'

'छोटे से छोटा डिटेल देखते हैं। मुँह से कुछ नहीं कहेंगे, ऐसे हाथ से छू कर देख लेंगे, (राजेन्द्र जी लकड़ी की दीवार पर अभिनय करके दिखाते हैं) साफ़ है या नहीं। वे सलीका पसन्द करते हैं, इसका क्रेडिट मेरी आंटी को जाता है।'

मराठी में मुर्गी को कोमड़ी कहते हैं। इस संस्थान में मुर्गियों के विशाल दरबे होंगे पर वहाँ जाने का न बुलावा है न तकाज़ा। हाँ, मैण्टलपीस पर रखी घड़ी का नमूना ज़रूर कोमड़ी का है।

महिला नीति

किसी भी समय व समाज, वर्ग व व्यक्ति का वास्तविक चरित्र तब उभरकर हमारे सामने आता है जब हम स्त्री-वर्ग के प्रति उसका दृष्टिकोण देखते हैं। पिछले कुछ दशकों में सार्वजनिक जीवन में कई नेताओं के सन्दर्भ में इस दृष्टिकोण में विसंगतियाँ पायी गयीं। सौभाग्य से शरद पवार के सोच और व्यवहार में ऐसी कोई विसंगति नहीं झलकती। बल्कि यह कहना ज़्यादा उचित होगा कि समाज में महिला-विषयक उनकी दृष्टि, वर्तमान समय के अधिकांश राजनेताओं से ज़्यादा उदारवादी और प्रगतिशील है। यह नितान्त स्वाभाविक है क्योंकि वे एक जागरूक माँ के सच्चे सपूत हैं। शारदाबाई ने बीसवीं शताब्दी के आरम्भ में महात्मा फुले और शाहूजी महाराज के क्रान्तिकारी विचारों को न केवल आत्मसात किया वरन् व्यवहार में भी उतार कर महिला-शिक्षा, जिला-परिषद् और किसान-मज़दूर पार्टी के लिए अथक कार्य किया। उन्होंने स्वयं पर्दा-प्रथा तोड़ी और आजन्म कर्मकाण्ड व जाति भेद के विरुद्ध रहीं। इन क्रान्तिकारी क़दमों में शरद ने अपनी अध्ययनशीलता से कई प्रगतिशील अध्याय जोड़े। जिन वर्षों में शरद पवार महाराष्ट्र के मुख्यमन्त्री रहे, उन्होंने राज्य सरकार की नीतियों में उच्च से लेकर पंचायत स्तर तक महिलाओं की भागीदारी के लिए कार्य योजना बनायी तथा लागू की। 22 जून 1994 को इस कार्य योजना की पत्रिका के लोकार्पण पर उपराष्ट्रपति श्री के. आर. नारायणन, राज्यपाल पी. सी. एलेक्जेंडर, मन्त्री एकनाथ गायकवाड़ की उपस्थिति में जनसभा को सम्बोधित करते हुए शरद पवार ने कहा–

'नारी-शिक्षा और नारी-मुक्ति के प्रयास गत डेढ़ सौ सालों में पूरे देश में अलग-अलग जगह पर हुए, उन सभी में महाराष्ट्र सबसे आगे है।

'कुछ चुने हुए देश छोड़कर पूरी दुनिया में नारी को उचित स्थान देने की मानसिकता तैयार होनी अभी बाकी है। हिन्दुस्तान जैसे देश को इस विषय में बहुत कुछ करना होगा। नारी, मेहनत में किसी भी तरह पुरुष से पीछे नहीं है। दुनिया के अन्न और कृषि-संगठन के अनुसार विकासशील देशों में अनाज का

जो उत्पादन होता है, वह स्त्री के परिश्रम से ही प्राप्त होता है। दो जून का भोजन भी वही बनाती है। वह ख़ुद शायद ही कभी पौष्टिक भोजन खा पाती है। उससे मुफ्त में परिश्रम लिया जाता है यानी बगैर पारिश्रमिक दिये। उसे जैसे पारिश्रमिक माँगने का हक ही नहीं है। यही वजह है कि राष्ट्र या समाज की आर्थिक प्रगति का उसे मूल घटक नहीं माना जाता। महिलाओं को विकास की प्रक्रिया में लाने की आवश्यकता है। इसके लिए पहले महिला की आर्थिक स्थिति सुधारनी होगी। फिर उसके ऊपर जो शारीरिक और मानसिक स्तर पर अत्याचार हो रहे हैं, उनसे उसे मुक्त करना होगा।

'नयी विचारधाराओं, नयी विचार प्रणाली को स्वीकारने में महाराष्ट्र हमेशा अग्रणी रहा है इसलिए महिलाओं को सामाजिक प्रतिष्ठा, सम्मान, बराबर का अवसर और निर्णय-प्रक्रिया में स्थान देने के लिए निश्चित कार्यक्रम तैयार करना होगा।

'महिला नीति का मूलभूत उद्‌देश्य है कि महिलाएँ हर क्षेत्र में बिना किसी रुकावट के प्रगति कर सकें।'

शरद पवार ने महिला-नीति की महज़ घोषणा ही नहीं की, वरन्‌ इसे ठोस रूप देने के उद्‌देश्य से ग्रामीण स्तर पर इसका कार्यान्वयन भी किया। उन्होंने साधनहीन परिवारों को एक-एक गाय दी। गाय का दूध सहकारी दुग्ध निगम के वाहन इकट्‌ठा करते और दूध का दाम घर की महिला को दिया जाता। आशय यह था कि गाय की समस्त सेवा, सानी, पानी घर की महिला करती है, अतः पारिश्रमिक भी उसके हाथ में होना चाहिए। इस एक छोटे से क़दम की बड़ी सराहना हुई और महाराष्ट्र, विशेषकर बारामती की स्त्रियों में नये ढंग का आत्मविश्वास विकसित हुआ। आज बारामती के हर घर में एक न एक दुधारू पशु है। साथ ही वहाँ दूध के विपणन की समस्त व्यवस्था है। सारा दूध कीटाणुरहित कर, आधुनिक पैकिंग में वितरण के लिए शहर भेज दिया जाता है।

शरद पवार की लोकप्रियता का राज़ इसी में निहित है कि वे एक साथ आदर्शवादी और यथार्थवादी हैं। वे जो भी योजना बनाते हैं, गाँव का आदमी उसमें शामिल रहता है। वे बड़ी-बड़ी काग़ज़ी योजनाएँ नहीं बनाते। उन्हें पंडित नेहरू का यह कथन कभी नहीं भूलता कि 'हमारे देश में गोबर युग और न्यूक्लियर युग साथ-साथ चलता है।'

मुख्यमन्त्री काल में उनकी जन-सभाएँ सदा सफल रहती थीं क्योंकि वे जनता की समस्याओं का तात्कालिक निदान ढूँढ़ लेते थे। साथ ही वे समस्या का ऐतिहासिक परिप्रेक्ष्य भी बख़ूबी समझते। उनका समाजशास्त्रीय अध्ययन विस्तृत है। वे बता सकते हैं कि जीजाबाई, चाँद बीबी, ताराबाई, अहिल्याबाई होल्कर और

महारानी लक्ष्मीबाई का संघर्ष कैसा था और किस प्रकार उन्होंने अपनी अस्मिता की रक्षा की। वे महानुभाव सम्प्रदाय के सन्त चक्रधर स्वामी, महात्मा फुले, सावित्रीबाई फुले, आगरकर, न्यायमूर्ति रानाडे, महर्षि कर्वे और पंडिता रमाबाई के अग्रगामी विचारों को अवसर के अनुकूल उद्धृत कर सकते हैं।

पवार की महिला नीति पर महात्मा गाँधी के महिला जागरूकता कार्यक्रम की स्पष्ट छाप है। महात्मा गाँधी ने कहा था, 'हज़ारों वर्ष से पुरुष, नारी जाति पर अपना वर्चस्व सिद्ध करता आया है। इसी कारण स्त्रियों में स्वयं के सम्बन्ध में न्यूनता की भावना तैयार हो गयी। नारियों को इससे विद्रोह कर सविनय अवज्ञा करनी चाहिए।'

शरद पवार पहचानते हैं कि महिलाओं के लिए शिक्षा, स्वास्थ्य सुविधाएँ, आर्थिक स्वावलम्बन और सामाजिक सुरक्षा का महत्त्व सर्वोपरि है। इसलिए वे महिलाओं को आर्थिक, राजनीतिक और शासकीय क्षेत्रों में निर्णय प्रक्रिया में शामिल करने की पेशकश करते हैं। ग्रामीण स्तर पर उन्होंने पंचायत के माध्यम से दस प्रतिशत ज़मीन और उपज का दस प्रतिशत हिस्सा स्थानीय महिला-समिति को देने का निर्णय लिया है। शहरी स्तर पर उन्होंने महिला-उत्पीड़न के विरुद्ध शासकीय कार्यवाही करने की चेतावनी दी है। इस व्यापक कार्य में महिला-संगठनों को शासन का सहयोग करने आगे आना चाहिए। तभी यह जन-आन्दोलन का रूप ग्रहण करेगा।

शरद ने बार-बार जन-सभाओं में स्त्री-अधिकार की पुकार की है। वे मानते हैं कि महिलाओं की स्थिति तभी सुधरेगी जब सत्ता का विकेन्द्रीकरण होगा। जिला परिषद् की एक सभा में उन्होंने कहा, 'महिला वर्ग की विशेषता यह है कि जब उन पर ज़िम्मेदारी डाली जाती है तो वे बड़ी लगन से ज़िम्मेदारी पूरी करती हैं। जब से पंचायत राज में महिलाओं की संख्या तीस प्रतिशत हुई है, तब से कामकाज में सुधार आया है। अधिकारी-वर्ग के लोग भी महिलाओं से अच्छा बर्ताव कर रहे हैं, अधिकारी-वर्ग की भाषा बदल गयी है। ये बदलाव स्वागत योग्य है। प्रशासन से महिला-वर्ग दूर था, अब उन्हें शामिल किया गया है।'

समाज-सुधार का इतिहास सवा सौ साल पुराना है, इस दौरान कुछ क्षेत्रों में भारत ने काफ़ी तरक्की की है पर स्त्रियों के विकास को लेकर हमारी प्राथमिकताएँ गड़बड़ हैं, ऐसा शरद लगातार महसूस करते हैं। वे प्राचीन ग्रन्थों की दुहाई देकर, स्त्री को देवी पद पर आसीन कर चिन्तामुक्त हो जाना ग़लत मानते हैं। इसीलिए उनकी सुधार-योजनाओं का उद्देश्य है कि विकास का लाभ हरिजन, गिरिजन, आदिवासी, बेसहारा और देवदासी स्त्रियों तक पहुँचे। जब ये सभी महिलाएँ समाज की मुख्यधारा में शामिल होंगी तब क्रान्तिकारी बदलाव आयेगा।

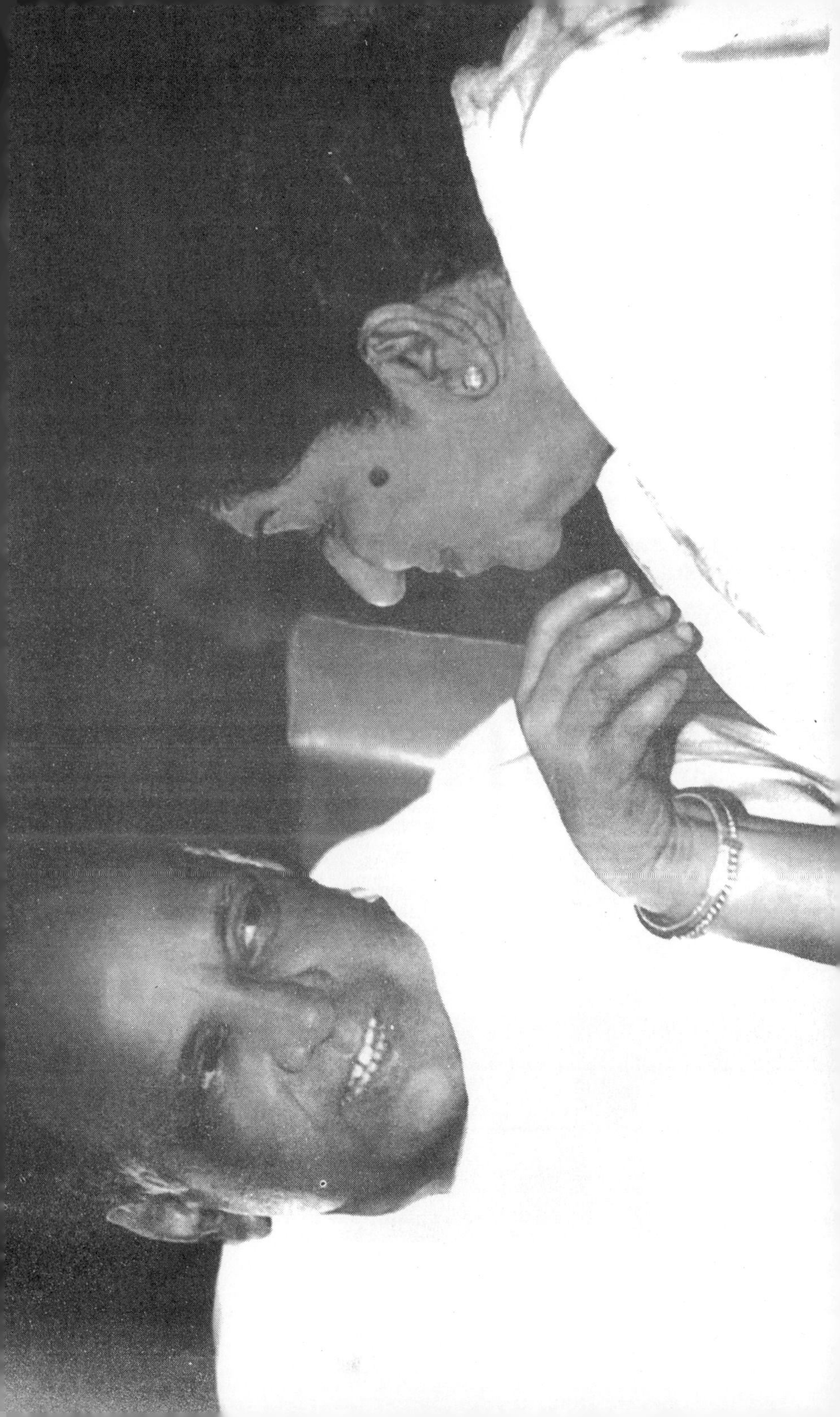

कला प्रेमी पवार

शरद पवार समय और समाज की गतिविधियों से गहरे जुड़े रहते हैं, राजनीति के मुख्यमार्ग पर वे हर दम उपस्थित रहते हैं, अपने चुनाव क्षेत्र को वे नर्सरी की तरह सहेजते-सँभालते हैं। ये सब सत्य तथ्य हैं। इनके साथ ही एक विस्मयजनक सत्य यह है कि शरद आत्मिक शान्ति के लिए संगीत की शरण में जाते हैं, बौद्धिक तृप्ति के लिए पुस्तकें पढ़ते हैं तथा साहित्यकारों से मिलते हैं और सहज संवाद के लिए मित्रों के संग गप्प-गोष्ठी करते हैं। वे राजनीति की रज से धूमिल और मलिन नहीं हुए हैं। घपले घोटालों की कोठरी में वे अपने ऊपर कालिख नहीं लगाना चाहते। उनके अन्दर आज भी वह उन्नीस साल का लड़का कसमसाता रहता है जो पंडित नेहरू की 'डिसकवरी ऑफ इंडिया' पढ़ कर स्पन्दित हो उठा था; जो कॉलेज में, तीन दिन की तैयारी में सांस्कृतिक उत्सव आयोजित कर लेता था; जो कृषि कार्य से थक कर कबड्डी खेलने निकल जाता था और जो अब भी फुर्सत के क्षण में किसी अच्छी, शास्त्रीय संगीत-सभा में जाना पसन्द करता है। स्वयं पंडित भीमसेन जोशी स्वीकार करते थे कि शरद पवार एक रसिक व्यक्ति हैं। जोशी जी उन्हें बहुत वर्षों से रसज्ञ श्रोता के रूप में पहचानते थे। जब शरद राज्य गृहमन्त्री थे, 1972 से 1978 तक के वर्षों में उन्होंने पंडित भीमसेन को बारम्बार सुना। संगीत समारोहों में, निजी, छोटी संगीत-सभाओं में शरद सुनते रहे, रस-सिक्त होते रहे। प्रतिभा जी उनके साथ-साथ श्रोता रहीं।

भीमसेन जोशी को सुनने का प्रभाव श्रोता की शिराओं में उतर जाता है। उन्होंने इतनी विधाओं में, इतनी शैलियों में उत्कृष्ट गायन किया है कि शरद को उनके गाये अभंग से ऐसा लगा है जैसे इनको सुनना ही परमपद पाना है। एक सभा में भीमसेन जोशी गा रहे हैं, उनकी गहरी, नाभि-निःसृत, गुरु गम्भीर वाणी वातावरण में तैर रही है। शरद सुन रहे हैं, गुन रहे हैं। आँखें बन्द हैं, हृदय के कपाट खुले हैं। राग मालकौंस तीन ताल में निबद्ध, स्थायी पर भीमसेन जोशी की सागर-निनाद सी स्वर्गिक आवाज़ गूँज रही है–

'रंगरलियाँ करत सौतन के संग
ना लीन्हीं हमरी नेक ख़बर'

अन्तरे पर लोग झूम उठते हैं–

'हमसे आवत वह, अनत विलम रहे
नित बालम के यही ढंग।'

भीमसेन जोशी पहली बार आश्चर्य से पवार-दम्पति की ओर ग़ौर करते हैं। बिल्कुल सही स्थलों पर दाद देने वाले ये रसिक-द्वय राजनीति के अखाड़े के तो नहीं लगते। वे एक से एक कठिन राग सुना रहे हैं, शास्त्रीयता में पगे हुए राग, पूरिया धनाश्री, सूरदासी मल्हार; असीम धैर्य और अनुराग सहित शरद-दम्पति बैठे हैं राग-रागिनियों से बँधे हुए। भीमसेन जोशी में आरम्भ में तान-प्रधान गायकी मिलती है। शनैः-शनैः तान-प्रधान सुर भाव-प्रधान हो जाता है। वे अभंग गाते हैं, कभी कन्नड़, कभी मराठी भक्तिगीत। भीमसेन जोशी ने गायकी में बहुत से प्रयोग किये, जीवन में उससे भी ज़्यादा। एक समय ऐसा था जब महाराष्ट्र के किसी भी नगर में उनके बिना संगीत-सभा अधूरी समझी जाती थी। वे भी अपने अलबेले अन्दाज़ में चल देते थे, अपनी बड़ी गाड़ी में दो तानपूरे, तबलाजोड़ी, हारमोनियम और साजिन्दों को लेकर। स्वयं ड्राइव करते हुए गाते जाते। लम्बे-लम्बे आलापों के पीछे ये ही लम्बे-लम्बे सफ़र रहे। लोग उन्हें 'फ्लाइंग म्युजिशियन' के नाम से बुलाने लगे। बारकरी साहित्य के भक्ति पद, विरनी खेलिया आदि में से अभंग का भीमसेन जी ने ऐसा प्रचार किया जैसा कुमार गन्धर्व ने निर्गुण का।

बीच में एक समय ऐसा भी आया जब पंडित भीमसेन जोशी ने गायन कम कर दिया पर उनके प्रशंसक प्रतीक्षा करते रहे। शरद उन्हीं प्रशंसकों में से एक हैं। उनका विश्वास है कि इस स्वर-सिद्ध गायक के जीवन-दर्शन में ख़याल का रंग, भजन का भाव और अभंग की आत्मा है।

लगभग यही भाव शरद पवार में तब जागते हैं जब वे सुर-सम्राज्ञी लता मंगेशकर को गाते सुनते हैं। वे हिन्दी में गायन करें अथवा मराठी में या अन्य किसी भारतीय भाषा में शरद के लिए वह संगीत-रसास्वादन का दुर्लभ अवसर होता है। लता जी के गाये शास्त्रीय एवं उपशास्त्रीय गीत उन्हें विशेष प्रिय हैं। अनेक वर्ष से वे उनके पारिवारिक मित्र हैं। लता मंगेशकर न केवल उत्कृष्ट गायिका हैं, बेहद स्नेही, सहज मनुष्य भी हैं। उन्हें जानना जीवन की कोमल तथा निर्मल भावनाओं को जानने जैसा है। लता जी भी शरद की उदारता, रसज्ञता और निरभिमानी स्वभाव से प्रभावित रहती हैं। उन्हीं के शब्दों में–

'मेरा क्षेत्र संगीत है। पवार साहब के संगीत-प्रेम के बारे में मैं सुनती तो

रही थी पर मुझे विश्वास नहीं होता था। एक कार्यक्रम में मैंने उनसे पूछ ही लिया, 'क्या संगीत के विषय में आप एकदम कोरे हैं।' उन्होंने अपनी जानकारी ज़ाहिर की। तब मुझे पता चला कि पवार साहब को चित्रपट संगीत की अपेक्षा शास्त्रीय संगीत में अधिक रुचि है। रुचि के साथ समझ भी है। कई वर्ष पहले अगस्त क्रान्ति समारोह के एक आयोजन में शरद पवार साहब ने मुझसे अनुरोध किया कि मैं स्वतन्त्रता संग्राम के अमर सेनानी वीर सावरकर द्वारा लिखा गया गीत 'जयोस्तुते' गाऊँ। मैंने उनकी बात रखने के लिए यह गीत गा कर सुनाया। फिर कुछ समय बाद शरद पवार जी ने शोलापुर में मेरा नागरिक अभिनन्दन आयोजित किया। वहाँ मैंने स्वयं ही 'जयोस्तुते' विशेष रूप से उनकी रुचि ध्यान में रखकर गाया।

'मैं राजनीति में कोई रुचि या आस्था नहीं रखती। लेकिन महाराष्ट्र की सर्वांगीण प्रगति के लिए पवार साहब ने जो योगदान किया है, उसकी मुझे चेतना है। शहर की अपेक्षा आप गाँव पर ज़्यादा ध्यान देते हैं। आप चाहते हैं कि गाँवों में पीने का स्वच्छ पानी, बीज, कृषि औजार जैसी मूलभूत सुविधाएँ उपलब्ध हों। राजनीति से अधिक वे समाज-विकास पर ध्यान देते हैं। एक और बात यह है कि राजनीति में पैठा हुआ व्यक्ति बहुत बड़बोला होता है लेकिन अपने पवार साहब बहुत कम बोलते हैं। वे चुपचाप कोई बड़ा काम कर देते हैं। इससे उनकी उदारता का परिचय मिलता है।

'एक घटना मुझे याद आती है। मैं राजनीतिक लोगों से मुलाकात के लिए जल्दी राज़ी नहीं होती। मैं अपने पिता स्व. मास्टर दीनानाथ मंगेशकर की स्मृति में एक भव्य चिकित्सालय, पुणे में बनाना चाहती थी। शुरू में मैंने इस भवन के लिए केवल एक एकड़ ज़मीन ली थी। रुग्णालय की सभी इकाइयों के लिए यह ज़मीन पर्याप्त नहीं थी। मेरे भाई हृदयनाथ मंगेशकर पवार साहब से मिले। उन्होंने कहा, 'आप एक बार ज़मीन देख लें।'

'आमतौर पर सरकारी कामों में बहुत देर लगती है। लेकिन पवार साहब ने अस्पताल के लिए बड़ी ज़मीन देने का काम महज़ आधे घंटे में कर दिखाया। दीनानाथ मंगेशकर, रुग्णालय के शिलान्यास कार्यक्रम में वे स्वयं उपस्थित रहे।

'पवार साहब ने अपनी मातुश्री शारदाबाई की स्मृति में बारामती में विद्या प्रतिष्ठान की स्थापना की है। वे चाहते थे कि मैं उसके एक आयोजन में उपस्थित रहूँ किन्तु मुझे हेलिकॉप्टर की कानफोड़ू आवाज़ बरदाश्त नहीं होती, इसलिए मैं उसमें नहीं आ सकी। वैसे पवार साहब मेरी हर उपलब्धि पर प्रसन्न होते हैं। जब मुझे 'भारत रत्न' सम्मान प्राप्त हुआ उन्होंने नयी दिल्ली और मुम्बई में मेरा

अभिनन्दन किया और मेरे लिए ख़ास 'पैठणी' साड़ी उपहार स्वरूप लेकर आये। उन्होंने 'नेहरू सेण्टर' में भी मेरा संगीत-कार्यक्रम रखा। इस कार्यक्रम में राजीव गाँधी जी भी उपस्थित थे।'

इसी तरह की भागीदारी, शरद लेखकों, साहित्यकारों के बीच महसूस करते हैं। लेखकों का आदर वे पेशेवर अन्दाज़ में नहीं करते। वे उनकी रचनाएँ पढ़ते हैं और उन पर बराबर का विचार-विमर्श करते हैं। एक बार किसी के कायल हो जाने पर उसे ढूँढ़-ढूँढ़ कर पढ़ते हैं। शरद के दोस्त बताते हैं कि वे एयरपोर्ट पर भी पढ़ते मिले हैं। एक बार न्यूयार्क में एक पुस्तक केन्द्र पर उन्होंने एक रोचक पुस्तक देखी। उनके साथ कई लोग थे। सबके साथ वे आगे बढ़ गये। फिर उन्हें चैन नहीं पड़ा। वे साथ के लोगों को छोड़कर उस पुस्तक केन्द्र पर लौटे और उन्होंने वह पुस्तक खरीदी। उनका अपना विज़न अग्रगामी है।

इसलिए नेहरू सेण्टर के निदेशक श्री सतीश साहनी कहते हैं, 'बाकी लोग कार्यकर्ता होते हैं, शरद पवार जी स्वप्नदर्शी हैं। वे वर्तमान से आगे की सोचते हैं। उन्होंने नेहरू सेण्टर के अध्यक्ष पद को लोकतान्त्रिक बनाया। पहले महाराष्ट्र के मुख्यमन्त्री ही इसके पदेन अध्यक्ष हुआ करते थे। शरद पवार ने इसमें चुनाव की प्रक्रिया शामिल की। यहाँ अब केवल चित्र-वीथी नहीं वरन् कला, साहित्य, संस्कृति से जुड़ी समस्त गतिविधियाँ आयोजित होती हैं। गोष्ठियाँ, सभाएँ, सेमिनार, परिचर्चा लगातार होती रहती हैं। अभी भारतीय नृत्य पर राष्ट्रीय संगोष्ठी में वाराणसी के विद्वत्‌जन आये थे। पवार साहब हज़ार काम छोड़कर यहाँ के आयोजनों में आते हैं।' लगभग ऐसी ही आत्मीय प्रतिक्रिया डॉ. रवीन्द्र बापट की है। सेठ जी. एस. मेडिकल कॉलेज व किंग एडवर्ड मेमोरियल हॉस्पिटल के आंत्रशोध शल्यक्रिया विभाग के अध्यक्ष डॉ. बापट, शरद जी के पुराने दोस्त हैं और वे अपने मित्र की विशेषताएँ अच्छी तरह से पहचानते हैं। उनका कहना है—

'किसी भी स्वप्नदर्शी, प्रगतिशील व्यक्ति में जो गुण होने चाहिए वे शरद जी में जन्मजात आये हैं। शरद जी जनता और बुद्धिजीवियों के बीच समान रूप से रह लेते हैं। मैंने आज तक इतने उच्च नैतिक गुण किसी राजनेता में नहीं देखे। वे बेहद सुसंस्कृत हैं। वे विविध क्षेत्रों के विशेषज्ञों, विद्वानों और विचारकों के साथ संवाद कर सकते हैं। वे अपने विश्वास के बल पर आगे बढ़ने वालों में से हैं।' एक बार 'संगीत की शाम' कार्यक्रम में शरद पवार मौजूद थे। वहाँ कार्यक्रम के संचालक ने कहा, 'अब बंगाल के सचिन देव बर्मन आपको गाना सुनाएँगे।'

शरद पवार ने उठकर टोका, 'सचिन देव बर्मन त्रिपुरा के हैं, बंगाल के नहीं।'

शरद का रंगमंच के कलाकारों के साथ भी आत्मीय व अनौपचारिक संवाद

है। वे अखिल भारतीय मराठी नाट्य परिषद् के अध्यक्ष रहे हैं। ज़रा-सा अवकाश मिलते ही वे सपरिवार नाटक देखना पसन्द करते हैं। उन्होंने कुसुमाग्रज की प्रतिमा स्थापित करने में अग्रणी भूमिका निभायी और नवी मुम्बई में पु. ल. देशपांडे थियेटर बनवाया। वे पुणे में एक और स्मारक बनाने के लिए प्रयत्नशील हैं।

शरद पवार के मित्रों की अगर आप गणना करना चाहें तो यह लगभग असम्भव मिशन होगा। उनकी मित्र मण्डली महाराष्ट्र के सुदूरतम ग्राम से लेकर विदेशों के नगरों तक फैली है। उनमें कुछ ऐसी सहृदयता है कि जो एक बार उनसे मिला, उनका हो कर रह गया। जैसे वे अंगूर का दाना देख कर उसकी प्रजाति बता देते हैं वैसे वे व्यक्ति का अन्तर्बाह्य पलक झपकते पढ़ लेते हैं। यही कारण है कि वक़्ती दोस्ती की अपेक्षा वे मुकम्मल दोस्ती में यक़ीन करते हैं।

हमें उनके जो भी दोस्त मिले, किसी ने कहा वह उन्हें 40 साल से जानता है, किसी ने कहा वह उन्हें बचपन से जानता है। उनके मित्र जीवन के हर महकमे से हैं, उद्योगपति, सरकारी अफ़सर, डॉक्टर, कम्प्यूटर विशेषज्ञ, कवि, कहानीकार, पत्रकार, कलाकार और शिक्षक। प्रसिद्ध उद्योगपति राहुल बजाज खुले मन से स्वीकार करते हैं कि 'राजनेताओं से मेरी दोस्ती बहुत कम होती है पर शरद मेरे उन चन्द दोस्तों में हैं जिन्हें मैं जिगरी दोस्त मान सकता हूँ।

'मैं शरद को 40 बरस से जानता हूँ। वे मेरे अंकल स्व. रामकृष्णजी बजाज को अपने युवाकाल से जानते थे।

'हम दोनों की दोस्ती में राजनीति का कोई स्थान नहीं है। शरद जैसे थे और हैं मुझे बिल्कुल वैसे पसन्द हैं। मैं बहुत साफ़गो इंसान हूँ और शरद भी बिल्कुल ऐसे हैं। वे एकदम स्पष्टवादी हैं और हमेशा राष्ट्रहित में सोचते हैं। हम बहुत अभिन्न हैं।

'हाँ, एक बात में हम दोनों भिन्न हैं। मैं बहुत वाचाल हूँ, शरद मितभाषी हैं।

'जैसा लोक समर्थन शरद को मिला हुआ है, और किसी नेता को नहीं मिला, कम से कम मैं यह सोचता हूँ।

'शरद को आम आदमी का सहयोग मिलता है पर साथ ही अन्य क्षेत्रों के लोगों से भी उनके बेहतरीन रिश्ते हैं।

'शरद बहुत अच्छे आयोजक भी हैं। उनमें लोगों को एकजुट करने की अद्भुत क्षमता है।'

महाराष्ट्र के पूर्व मन्त्री डॉ. राममनोहर त्रिपाठी उनके निकट मित्रों में माने जाते थे। उनका कहना था, 'पवार जन्मजात लड़वैया वंश के हैं। वे किसी की कृपा पर आश्रित नहीं हुए। संघर्ष में उन्हें विशेष प्रवीणता हासिल है।' अठारह

वर्ष पूर्व कांग्रेस से निष्कासन ऐसी ही चुनौती थी जिसका सामना शरद पवार ने बड़े साहस के साथ किया। 115 साल पुरानी कांग्रेस के सामने महीने भर में राष्ट्रवादी कांग्रेस पार्टी खड़ी कर उन्होंने दिखा दिया कि वे किसी से कम नहीं हैं। इसे चमत्कार ही कहा जायेगा कि स्थापना के डेढ़ साल के भीतर ही उनकी राष्ट्रवादी कांग्रेस देश की चार मान्यताप्राप्त राष्ट्रीय पार्टियों में से एक मानी गयी। 25-50 साल पहले स्थापित दल इसे हक्का-बक्का होकर देखते रह गये। ऐसे में पवार के संगठन का लोहा सभी ने माना है। परिणाम यह है कि दिल्ली दरबार में पवार अंगद के पाँव की तरह जम गये और धीरे-धीरे उनकी लोकप्रियता सारे देश में बढ़ती जा रही है।

यह पवार के व्यक्तित्व और स्वभाव की ख़ासियत है कि वे अपने निन्दकों या विरोधियों को कभी रोकते-टोकते नहीं। उन्हें इसकी फ़ुरसत भी कहाँ। वे कर्म में विश्वास करते हैं। उनके विषय में ये पंक्तियाँ कहना उपयुक्त होगा–

'जब तुम्हारे दुश्मनों की उँगलियाँ तुम पर उठें
यह समझ लो और कुछ आगे बढ़े हो।'

यही हाल उनके अन्य कलाकार मित्रों का है। शरद का प्रसंग उठते ही एक से एक आत्मीय यादें उनकी आँखों में कौंध जाती हैं। कहीं वे चित्रपट कलाकारों के काम तुरन्त करवा रहे हैं, कहीं कलाकारों को रहने के लिए घर ज़मीन उपलब्ध करवा रहे हैं, कहीं वे कवियों से उनकी नवीनतम कविता सुनाने का आग्रह कर रहे हैं।

पुणे के प्रोफेसर ग. ना. जोशी बताते हैं, 'मैंने 'भारतीय तत्त्वज्ञान का वृहद् इतिहास' शीर्षक ग्रन्थ बारह खंडों में लिखा। इसकी पृष्ठ संख्या 5134 थी। प्रकाशक इतने बड़े पोथे के प्रकाशन में अपनी पूँजी का जोखिम नहीं लगाना चाहता था। मैंने अपने हस्ताक्षर से मात्र एक पत्र शरद पवार को प्रेषित किया और पुस्तक के प्रकाशन हेतु सहायता चाही। शरद ने प्रकाशक के नाम तुरन्त साढ़े तीन लाख रुपये का ड्राफ्ट भेजकर उक्त ग्रन्थ का प्रकाशन सम्भव किया। हज़ारों शिक्षकों और लाखों विद्यार्थियों के लिए उपयोगी इस ग्रन्थ के अस्तित्व में शरद पवार की महत्त्वपूर्ण भूमिका है।'

इन संस्मरणों का आशय कोई कृपा और कृपालु सम्बन्ध जताना नहीं है। ख़ास बात यह है कि शरद पवार कला, शिक्षा और साहित्य के प्रति कितना सचेत रहते हैं। इंसानियत से भरपूर इस राजनेता के मन में न कोई कुंठा है न गाँठ। जहाँ तक सम्भव हो, लोगों की सहायता करते हैं। कोई इनका बुरा करे तो मन में आक्रोश नहीं पालते। इस प्रकार ये अपने विरोधियों को जीतते जाते

हैं। इस जीत का ढंग एकदम गाँधीवादी है। गाँधी, नेहरू व अम्बेडकर शरद की विरासत हैं। समाज और समाज विकास के विषय में ये तीनों उनके गुरु हैं। एक गतिशील व्यक्ति अपनी ऊर्जा जगह-जगह से ग्रहण करता है। पवार भी इसके अपवाद नहीं हैं। पंडित नेहरू की आत्मकथा 'मेरी कहानी' और 'डिस्कवरी ऑफ इंडिया' उनके चिन्तन में प्रकाश स्तम्भ रहीं। नेहरू ढुलमुल ढंग से काम करने में विश्वास नहीं रखते थे और जो उचित समझते थे, उसे बेलाग शब्दों में कहने में तनिक भी संकोच नहीं करते थे। जिन मूल्यों में उनकी आस्था थी उनकी प्राप्ति के लिए वे संघर्ष करते और घूम-घूम कर भारत भर में अपने विचारों का प्रचार करते। समाजवादी विचारधारा के प्रचार के विषय में उन्होंने अपनी आत्मकथा में लिखा है–'हर जगह मैं राजनीतिक स्वाधीनता और सामाजिक स्वतन्त्रता पर बोला और बताया कि पूर्ववर्ती, परवर्ती को प्राप्त करने की दिशा में एक सोपान है। मैं समाजवाद की विचारधारा कांग्रेस कार्यकर्ताओं तथा बुद्धिजीवियों में फैलाना चाहता था क्योंकि ये लोग जो राष्ट्रीय आन्दोलन की रीढ़ थे, अक्सर संकीर्णतम राष्ट्रवाद के सन्दर्भ में सोचा करते थे।'

ठीक इसी प्रकार की प्रखरता शरद में दिखाई देती है जब वे सामाजिक सरोकारों के लिए संघर्ष से लेकर कृषि, सहकारिता, ग्रामोत्थान तक में सक्रिय योगदान देते हैं। नेहरू की तरह ही वे विज्ञान तकनीकी के नये क्षितिज, आर्थिक जगत के उतार-चढ़ाव, कला-साहित्य-संस्कृति की गतिविधियाँ और क्रीड़ा जगत की हलचल के प्रति जागरूक रहते हैं। उनके अन्दर एक श्रमजीवी की सक्रियता और बुद्धिजीवी की विचारशीलता सतत बनी रहती है।

Timeless ASHA
CLASSIC
CLASSIC
Timeless ASHA

शारदा निकेतन

शारदा निकेतन

यायावरी की सबसे बड़ी अड़चन यह होती है कि जब तक आप एक जगह से जुड़ते हैं, अगली जगह जाने के लिए आपका बिस्तर बँध जाता है। बारामती के दाख-ऊख में बहुत भटके, डायनेमिक्स डेरी परिसर में अहोरात्र ट्रकों की घरघराहट सुनी, गाँव वालों से सहज बातचीत कर अपनी मराठी की जानकारी माँजी, पर इस सब पर पूर्णविराम भी लगना ही था। वापस पुणे जाने का दिन आ गया।

आज उदास येड़े भी था। वापसी में पहले से कम बातूनी, कम चपल। बोला, 'अपना ड्यूटी तो लगा ही रहता है विज़िटर राउण्ड पर पण जैसा आपके साथ रहा, हर एक के साथ नहीं होता ना। आप मेरी वाइफ़ को भी मिले। अच्छी लड़की है, टैन्थ पास है। ज़्यादा पढ़ेली मिलती थी मेरे को पण मैं बोला, पढ़ी-लिखी घर में आकर झगड़ा बिगड़ा करे यह अपने को बिल्कुल नहीं होने का।'

अब पुणे में शारदा निकेतन जाना था। मन में थोड़ा ऊहापोह था।

हमने येड़े से कहा, 'हमें किसी अच्छे होटल में छोड़ दो।'

येड़े पुराने फॉर्म में आ गया, 'नहीं, आप बेकार डर रहे हैं। आपको कोई तकलीफ़ नहीं होयंगा। पवार साहेब पुणे आता तो इदरीच ठहरता।'

फिर भी मन आश्वस्त नहीं हुआ। एक बार फिर सोमा टेक्सटाइल्स, स्पेन्टेक्स पियागियो, डायनेमिक्स, मेकडोवल से गुज़रना हुआ, कार्वर एवियेशन अकादमी भी रास्ते में पड़ी, भेड़-बकरी के रेवड़, रोटीघाट में मज़दूरों का अनथक परिश्रम दिखा और मन बार-बार यही कहता रहा, 'अलविदा बारामती, अब यहाँ लौटकर आना नहीं होगा। जाने कितना कुछ छूट गया देखने और लिखने से।'

गोधूलि की परछाइयाँ उस वक़्त गहरी हो रही थीं जब हमने कर्वेनगर में प्रवेश किया। शारदा निकेतन के फाटक पर लड़कियों की आवाजाही देखने को मिली। शक्ल-सूरत, चाल-ढाल से ये लड़कियाँ हिन्दुस्तान के हर क्षेत्र की मालूम हो रही थीं। अतिथिघर के सेवक राजू ने बढ़िया चाय पिलायी और गर्म खाना खिलाया।

पता चला यही खाना छात्रावास की लड़कियाँ खाती हैं, एकदम सन्तुलित भोजन, सामिष, निरामिष, दोनों प्रकार का।

सवेरे सूर्य की पहली किरण से आँख खुली। खिड़की से दिखा शारदा निकेतन का आधुनिक स्थापत्य और परिदृश्य। तरह-तरह के पेड़ों से घिरा हरा-भरा परिसर जहाँ प्रकृति अपने हस्ताक्षर हर रंग में कर रही है। खिड़की के सामने लॉन के बीचोबीच नीला स्विमिंग पूल स्वच्छता के आश्वासन से आमन्त्रित कर रहा है।

विद्या प्रतिष्ठान की ही इकाई है शारदा निकेतन। शारदा नगर और विद्या प्रतिष्ठान ग्रामीण छात्राओं के भोजन-आवास व शिक्षा का प्रबन्ध करते हैं तो शारदा निकेतन शहरी छात्राओं के रहने-खाने की समस्यापूर्ति करता है। ख़ास बात यह है कि हॉस्टल कामकाजी स्त्रियों के लिए उपलब्ध नहीं है। महाराष्ट्र राज्य में पुणे नगर शिक्षा, कला, संस्कृति और साहित्य के अकादमिक केन्द्र के रूप में जाना जाता है। यहाँ भारत भर से, शिक्षा प्रतियोगिताएँ उत्तीर्ण कर विद्यार्थी पढ़ने के लिए आते हैं। कॉलेजों व विश्वविद्यालय के सभी आवास-परिसर भर जाने के बाद छात्राओं के सामने समस्या उठती है कि वे कहाँ रहें। छात्राओं के लिए आवास गृह ऐसा हो जिसमें सुरक्षा, स्वाधीनता और सुविधा तीनों हों। शारदा निकेतन के हर कमरे में तीन छात्राएँ रहती हैं। विशाल कमरे में अलग-अलग दीवार के सहारे पलँग लगे हैं। हर छात्रा को एक टेबिल, कुर्सी और वार्डरोब दी गयी है। कमरे से सटा हुआ किचनेट और टॉयलेट, बाथरूम। हर कमरे में बड़ी-सी खिड़की से हरियाली का नज़ारा निःशुल्क।

आवास-गृह का परिसर इतना विशाल व विस्तृत है कि एक दिन में घूमा भी नहीं जा सकता। बेसमेंट में सौन्दर्य तथा व्यायाम का अधुनातन तामझाम फैला है। ब्यूटी पार्लर में सौन्दर्य विशेषज्ञा मौजूद हैं। जिम में एयरोबिक्स इंचार्ज। वहाँ सभी उपकरण चालू हालत में हैं। हर एक की कर्मचारी अपनी ड्यूटी पर तैनात। और तो और, यहाँ हैल्थ क्लब में सॉना स्नान का भी इन्तज़ाम है। क़दम साहब ऊपर की मंज़िल भी दिखाते हैं। वहाँ छात्राओं के लिए बड़ा असेम्बली हॉल है। हॉल की दीवारों पर सावित्री बाई फुले, पंडिता रमाबाई, रमाबाई रानडे और शारदाबाई के चित्र सजे हैं। वहीं एक बहुत बड़ा टेलीविज़न रखा हुआ है। हॉल की अन्तिम कुर्सी तक की छात्रा यहाँ प्रोग्राम देख सकती है। रात ठीक नौ बजे हाज़िरी ली जाती है। हर लाइन में 3 × 3 सीटें लगी हैं क्योंकि हर कमरे में तीन लड़कियाँ रहती हैं। उन्हें कमरा-संख्या के हिसाब से बैठने का निर्देश है। रेक्टर, श्रीमती विमला साठे को हॉल पर दृष्टि डालते ही पता चल जाता है कि

कौन-से कमरे की छात्रा अनुपस्थित है। यहीं अलग कक्ष में योगाभ्यास का हॉल है जहाँ म्यूज़िक सिस्टम रखा है। नयी पीढ़ी के सभी आग्रहों का ध्यान रखता शारदा निकेतन, एक सम्पूर्ण, आवासीय अनुभव है।

विमला पाटिल सस्नेह मिलती हैं। उनके कमरे में किसी छात्रा का बनाया, सलमे-सितारों से जड़ा शरद का चित्र रखा है। वे कहती हैं, 'मैं आठ साल से यहाँ की देखभाल करती हूँ। मैं पवार साहब की प्रबन्ध-क्षमता से हर बार विस्मित होती हूँ।'

'कोई ख़ास अनुभव बताइए।'

'देखिये, यहाँ लड़कियों के लिए 88 कमरे हैं। हर कमरे में हम तीन ट्यूबलाइट, दो पंखे देते हैं। फिर हर लड़की अपना म्यूज़िक सिस्टम भी चलाती है। हेयर ड्रायर भी सब यूज़ करती हैं। हॉस्टल का बिजली का बिल इतना ज़्यादा आ रहा था कि हमारी कार्य-समिति ने तय किया कि सुबह 9.30 से शाम 5.30 बजे तक बिजली बन्द रखी जाय। उन्हीं दिनों पवार साहब पुणे आये। जब उन्हें शारदा निकेतन के इस फ़ैसले का पता चला वे गम्भीर हो गये।' उन्होंने कहा, 'बिजली का बिल किस चीज़ से बढ़ता है?'

'इस्त्री से। हर लड़की छिप कर अपने कमरे में इस्त्री करती है।' मैंने बताया।

पवार साहब ने कुछ क्षण सोचा फिर बोले, 'इसका हल है। हर मंज़िल पर बरामदे में बड़ी-सी मेज़ लगवा दो और बढ़िया-सी इस्त्री रख दो।'

मैं कुछ उत्तेजित हो गयी, 'ऐसे तो बिल और बढ़ जाएगा।'

'नहीं,' पवार साहब मुस्कुराये, 'जब आप प्रतिबन्ध हटा देंगी, लड़कियों का ध्यान इस्त्री की तरफ़ से हट जायेगा। आप करके देखिये।'

वाकई शारदा निकेतन की हर मंज़िल पर गोलाकार गलियारे में लम्बी-सी मेज़ पर चमचमाता स्टीम-आयरन रखा हुआ था। चौबीसों घंटे इस्त्री की सुविधा मिलने का नतीजा यह हुआ कि पढ़ाई-लिखाई में व्यस्त लड़कियाँ अपने कपड़े प्रायः बाहर से इस्त्री करवाने लगी हैं। रूमाल या टॉप इस्त्री करने में ही यह व्यवस्था काम आ रही है। बिजली का बिल भी अब सीमा में है।

शरद पवार सामने वाले व्यक्ति के मनोविज्ञान को पढ़ने का अद्भुत सामर्थ्य रखते हैं। महाराष्ट्र राज्य की भौगोलिक सीमाओं में शरद ने शिक्षा के क्षेत्र में इतना काम किया है कि वे राजनेता से अधिक शिक्षा शास्त्री के रूप में उभर कर सामने आते हैं। अपने राजनीतिक पद-मान का जितना सहारा वे शिक्षण-संस्थाओं को दे सकते हैं, उन्हें भरपूर दिया है। वास्तव में, महज़ बारामती को नहीं, वरन् समूचे महाराष्ट्र को वे रोल मॉडल के रूप में देखना चाहते हैं—समस्त भारत का

रोल मॉडल। शरद के सपनों का भारत, जाग्रत, प्रगतिशील और आधुनिक तो है ही, उसमें प्रत्येक व्यक्ति, चाहे वह स्त्री हो या पुरुष, भली-भाँति सुरक्षित हो। इसी स्वप्न की पूर्ति हेतु वे कभी पुणे, कभी बारामती, कभी नासिक तो कभी नागपुर, कभी सतारा तो कभी शोलापुर में स्कूल-कॉलेज स्थापित करते हैं। इसी लक्ष्य के लिए वे भाऊराव जी के रैयत शिक्षण संस्थान से जुड़े रहे। रैयत संस्थान के समस्त स्कूल, कॉलेज मुख्यतः साधनहीन छात्रों के लिए हैं। सतारा में उन्होंने 'कमाओ और पढ़ो' का संकल्प सामने रखकर साधनहीन छात्रों के लिए प्रगति के द्वार खोले। बारह सौ रुपये से कम आमदनी वाले परिवारों के बच्चों के लिए उन्होंने स्कूल व कॉलेज में निःशुल्क शिक्षा की व्यवस्था की। वे शिक्षा के सातत्य की भी चिन्ता करते रहे। लिहाज़ा उन्होंने महाराष्ट्र में 'मुक्त विद्यापीठ' की स्थापना की तथा अपने मानसगुरु की स्मृति में इसका नाम रखा 'यशवन्तराव चव्हाण, महाराष्ट्र मुक्त विद्यापीठ'। उन्होंने इसको चलाने के लिए धन-साधन की व्यवस्था अपने हाथ में ली। शरद कहते हैं, 'संस्था स्थापित करना कोई इतना मुश्किल काम नहीं होता। असली ज़िम्मेदारी, उसे चला सकने की होती है। यह ज़िम्मेदारी एक बगिया सँभालने जैसी होती है। किस पौधे पर कितना धूप ताप और पानी लगे यह देखना पड़ता है।' मुक्त विद्यापीठ का सूत्रवाक्य है—'घर-घर ज्ञानगंगा'। और यही कार्य यह कर रही है। थोड़ी-सी अवधि में 50-60 हज़ार विद्यार्थी नगर-ग्राम से पंजीकृत होकर इससे जुड़ गये हैं।

इसी तरह नासिक में भोंसले मिलिटरी स्कूल शरद की परिकल्पना है। यह स्कूल मिलिटरी प्रशिक्षण की डिग्री देने की जगह बच्चे के अन्दर प्रतिरक्षा सेवा में कैरियर के प्रति प्रवृत्ति बढ़ाता है अर्थात् अभिरुचि पैदा करता है। तीन हफ़्ते के पाठ्यक्रम में छात्रों को परेड, घुड़सवारी, योगाभ्यास, कराटे और शारीरिक श्रम करने का प्रशिक्षण दिया जाता है। शरद ख़ुद कहते हैं, 'महज़ तीन हफ़्ते में हम कोई बड़ा चमत्कार नहीं कर सकते पर हम आपके अन्दर डिफेंस कैरियर के प्रति उत्साह जगा सकते हैं। दिन पर दिन मैं देखता हूँ कि हमारी समस्त सेना-सेवाओं में मराठी-भाषी युवकों की कमी हो रही है। इसी कमी को पूरा करने के लिए भोंसले मिलिटरी स्कूल बनाया गया है।'

सतारा ज़िले के नायगाँव कस्बे में शरद पवार ने सावित्री बाई फुले की स्मृति अमर करने के उद्देश्य से वहाँ लड़कियों की शिक्षा के लिए शिक्षण संस्था तथा आवास-गृह बनाया। लक्ष्मण शारदा इंस्टीट्यूट ऑफ नोमैडिक स्टूडेंट्स और रिसर्च इंस्टीट्यूट में हरिजन, गिरिजन के अलावा आदिवासी, बनजारा और अन्य जनजातियों के छात्रों को बसाया जाता है। स्वर्गीय भाऊसाहब हिरे की संस्था

महात्मा गाँधी विद्यामन्दिर, नासिक में अनेक आश्रमशाला चलाती है। शरद पवार ने उन संस्थाओं की भी भरपूर सहायता की।

शरद पवार इन अनेक संस्थाओं में सक्रिय भूमिका निभाते हैं और जहाँ उत्तम कार्य देखते हैं, मुक्त सराहना करते हैं। वे बार-बार अपने व्याख्यानों में कहते हैं, 'मैंने अनेक बार, अनेक देश देखे, तकरीबन सारी दुनिया घूम आया। मुझे एक बात का विश्वास है। जिस देश ने महिला-शिक्षा की ओर ध्यान दिया, महिला समाज को भय-मुक्त किया, महिलाओं को पुरुष के साथ समानता का व्यवहार दिया, वह देश तरक्की कर गया। महाराष्ट्र और भारत भी तभी तरक्की करेगा जब वह सच्चे दिल से स्त्री की इ़ज़्ज़त करना सीखेगा, उसे समानता देगा और उसे शिक्षा के अवसर देगा।'

शरद सोचते हैं कि लड़कों की शिक्षा से हम सिर्फ़ शिक्षित व्यक्तियों का निर्माण करते हैं किन्तु लड़कियों की शिक्षा से हम शिक्षित परिवार निर्मित करते हैं। स्त्री-शिक्षा में ही समाज-परिवर्तन तथा समाज-विकास का मूलमन्त्र निहित है। आज के गतिशील, वैज्ञानिक युग में स्त्रियों के शिक्षण प्रशिक्षण का विशेष महत्त्व है। स्त्रियाँ जब शिक्षित, विचारशील और समझदार होंगी, तब वे अपने परिवार में भी वैसे ही संस्कार और आचार-विचार डालेंगी।

शरद और राजीव गाँधी

अपने सक्रिय सार्वजनिक जीवन के इस मुकाम पर शरद पवार सहज ही मुड़कर देख सकते हैं कि गुज़रे हुए समय में राजनीति ने उनके साथ कैसा सलूक किया और उन्होंने राजनीति का साथ कैसा निभाया। ज़ाहिर है दो तरह की स्मृतियाँ उनके हृदय-कक्ष में फड़फड़ायेंगी। एक तरफ़ दिखेगा जनता का अगाध विश्वास और समर्थन, देश-विदेश के सुधी जनों का सहयोग और सान्निध्य; दूसरी तरफ़ दिखेगी सत्ताधारियों की ईर्ष्या और सन्देह, कुंठा और कपट।

शरद जी 1967 में चुनाव में अभूतपूर्व विजय प्राप्त कर महाराष्ट्र विधानसभा में पहुँचे। लेकिन 1967 से 1971 के बीच कांग्रेस में बहुत कुछ बदला और बिगड़ा। प्रदेश स्तर पर इतने दल बदल इन वर्षों में हुए कि कांग्रेस की पुरानी संस्कृति का चेहरा वह न रहा जो था। रही सही कसर इन्दिरा गाँधी द्वारा लगाये गये आपातकाल ने पूरी कर दी। पवार ने वे वर्ष महाराष्ट्र के खाद्य व कृषि मन्त्री के रूप में खेत और खलिहान में बिताये। उन्होंने साफ़ कह दिया, 'अगर मैं अपने कार्यालय में बैठा न मिलूँ तो इसका मतलब है मैं खेतों में हूँ, मुझसे वहीं मिल लें।' दरअसल श्री यशवन्तराव चव्हाण के शिष्य होने के कारण पवार को उन सब पूर्वाग्रहों का शिकार बनना पड़ा जो चव्हाण जी के विरुद्ध कांग्रेस में पनप रहे थे।

इन्दिरा गाँधी के समय में कांग्रेस पार्टी में एक ऐसा 'जी-मैडम' नज़रिया और माहौल बनता गया कि पार्टी में समर्थ किन्तु विपरीत विचारों वाले व्यक्तियों को नगण्य समझा जाने लगा। चाटुकारों की संख्या बढ़ती गयी। असहमति के तेवर को कुचला जाने लगा।

1984 में इन्दिरा गाँधी की हत्या के बाद राजीव गाँधी ने विपक्ष के नेताओं की बैठक बुलाई। राजीव के पक्ष में समस्त देश में भावनात्मक ज्वार था। दूसरी तरफ़ जातीय दंगों के और ज़्यादा भड़कने के पूरे आसार थे। दंगों पर रोकथाम ज़रूरी थी। राजीव जी ने बैठक के बाद शरद पवार से धीरे से कहा, 'अब हमें इकट्ठे काम करना चाहिए।'

पवार इस बात से सहमत थे।

देश की गम्भीर हालत देखते हुए वे कांग्रेस (एस) का कांग्रेस (आई) में विलय भी कर देते लेकिन तभी राजीव गाँधी ने आम चुनाव घोषित कर डाला। शरद ने राजीव से पूछा कि ऐसे माहौल में समन्वय की बात कैसे हो सकती है। राजीव गाँधी ने कहा, 'विलय की बात बाद में हो जायेगी।' राजीव गाँधी इस बात को समझ रहे थे कि यह आम चुनाव तो कांग्रेस (आई) उनके कन्धों पर निकाल ही लेगी क्योंकि देश में उनके लिए सहानुभूति की लहर उठी हुई थी। ज़ाहिर है इस चुनाव में राजीव गाँधी सर्वाधिक मतों से जीते। किन्तु पवार भी पीछे कहाँ रहे। राजीव गाँधी के बाद दूसरे नम्बर पर पवार ही थे जो सर्वाधिक मतों से जीते। वे कांग्रेस (एस) के लोकसभा सदस्य की हैसियत से केन्द्र में पहुँच गये। इस चुनाव में कांग्रेस (एस) को छह सीटों पर विजय प्राप्त हुई जबकि भाजपा को केवल दो सीटें मिलीं।

राजीव गाँधी ने शरद पवार से फिर कहा कि हमें साथ-साथ काम करना चाहिए। पवार को लगा यह समय केन्द्र में कठपुतला बनने का नहीं है। उन्होंने अपनी लोकसभा सीट छोड़ दी और वापस महाराष्ट्र राज्य की राजनीति पर ध्यान दिया। 1985 में ही चुनाव में कांग्रेस (एस) को 50 सीटें प्राप्त हुईं। इस प्रकार महाराष्ट्र विधानसभा में वे एक बार फिर विपक्ष के नेता नियुक्त हुए। यह कोई छोटी-मोटी उपलब्धि नहीं थी क्योंकि कांग्रेस (आई) इस वक़्त राष्ट्रीय भावुकतावाद की सवारी कर रही थी।

राजीव गाँधी की नज़र बराबर इस जांबाज नेता पर टिकी थी। वे जानते थे कि अलग रह कर शरद पवार कभी भी बड़ी चुनौती बन सकते हैं। उन्होंने एस. बी. चव्हाण, जी. के. मूपनार इत्यादि के जरिये शरद पवार पर दबाव बनाना शुरू किया कि वे कांग्रेस (आई) में सदलबल लौट आयें। उन्होंने कहा कि समाजवादी, लोकतान्त्रिक धर्मनिरपेक्ष राष्ट्र बनाने का कार्य वे मिलजुल कर करें, यही वक़्त का तकाज़ा है। शरद पवार का हृदय तो हमेशा से कांग्रेस के साथ था। उन्होंने औरंगाबाद में 8 दिसम्बर 1986 को विशाल सभा का आयोजन किया जिसमें राजीव गाँधी भी आये। राजीव गाँधी ने भरी सभा में शरद पवार की घर-वापसी की घोषणा की। एक बार वापस आने पर शरद पूरी तल्लीनता से पार्टी का वर्चस्व और जनाधार बढ़ाने में व्यस्त हो गये। कांग्रेस (आई) में आने के डेढ़ साल बाद, 25 जून 1988 को वे दूसरी बार महाराष्ट्र के मुख्यमन्त्री बनाये गये। उन्होंने एक बार फिर महाराष्ट्र की उन्नति के लिए अथक परिश्रम आरम्भ किया। सबसे ज़्यादा परिश्रम उन्होंने उन समाजवादी कांग्रेस के बागी

सदस्यों को साधने में किया जो शिवसेना में चले गये थे। लेकिन उनके विरोधी प्रबल हो रहे थे। वे राजीव-दरबार में उनकी झूठी शिकायतें लेकर पहुँच जाते। शरद के स्वाभिमान को यह सहन नहीं था कि वे हर बात का स्पष्टीकरण देते। मुख्यमन्त्रित्व का यह दौर इसलिए थोड़ा कठिन रहा। वे कुछ मन्त्रियों को निकाल कर कुछ अच्छे, गतिशील लोगों को मन्त्रिमण्डल में लेना चाहते थे लेकिन हाई कमान ने उन्हें हरी झंडी नहीं दिखाई। शरद पवार के लिए हालात तभी सुधरे जब वे तीसरी बार मुख्यमन्त्री बने।

शरद पवार ने एक योग्य और समर्पित सेनापति की तरह कांग्रेस का नेतृत्व किया। रामजन्मभूमि-बाबरी मस्जिद विवाद में उन्होंने बड़े नेताओं के बीच मध्यस्थता कर संकट कम करने का दुष्कर कार्य किया। राजीव गाँधी हर बार उनकी कार्यक्षमता के कायल हुए। जब-जब राजीव गाँधी ने शरद की सलाह मानी वे संकट से बाहर निकल सके। 1991 के चुनाव की आम सभाओं के आयोजन में शरद ने एक बार फिर सिद्ध कर दिया कि अन्य राज्यों में कांग्रेस कितनी भी डाँवाडोल हो, महाराष्ट्र में इसका भविष्य सुरक्षित है। महाराष्ट्र चुनावी दौरे के अन्त में 9 मई 1991 को शरद के निवास स्थान 'वर्षा' पर भोजन के बाद बातचीत में राजीव गाँधी ने शरद पवार की सराहना की। उस समय उन्होंने अपने पूर्व व्यवहार के प्रति अफ़सोस जताया और कहा, 'पिछली बातें हम दोनों भुला दें और मिल कर काम करें ऐसा मेरा मन है।'

'मेरे मन में कोई गिला-शिकवा नहीं है,' शरद ने कहा।

'अगर महाराष्ट्र में कांग्रेस बनी रहेगी तो बच जायेगी। नहीं तो कांग्रेस का विघटन होकर रहेगा।' राजीव बोले।

'मैं पूरा सहयोग करने को तैयार हूँ,' शरद ने आश्वासन दिया।

स्नेह, सद्भाव और सहयोग से भरपूर इस मुलाकात की सुरभि दोनों नेताओं में बनी रही। लेकिन नियति के मन में कुछ और ही था। ग्यारह दिन बाद ही श्री पेरम्बुदूर में राजीव गाँधी एक चुनाव-सभा में मानव-बम विस्फोट में मारे गये। 21 मई चुनाव-प्रचार का अन्तिम दिन था। रात तकरीबन ग्यारह बजे शरद का फ़ोन घनघना उठा। उनकी बेटी सुप्रिया अमेरिका से उन्हें ख़बर दे रही थी कि उसने अभी-अभी अमेरिकन टी.वी. पर राजीव जी की हत्या का समाचार सुना। शरद के हाथ से फ़ोन छूट गया। उन्हें लगा जैसे कांग्रेस पर वज्रपात हो गया।

रक्षामन्त्री शरद पवार

कर्मक्षेत्र और कुरुक्षेत्र में बहुत ज़्यादा अन्तर नहीं होता। दोनों ही क्षेत्रों का दबाव कुछ ऐसा है कि इनमें अपना बुद्धि-विवेक चौकन्ना रखना पड़ता है। ऐसा ही शरद के साथ हुआ। आधी रात में पी. वी. नरसिंह राव का फ़ोन आया। शरद जी के मुँह से स्वतःस्फूर्त यह आह्वान निकला, 'राव साहब, अब कांग्रेस परिवार की नैया आपके हाथ है। इस कठिन काल में आप ही इसे पार लगायेंगे।'

पी. वी. नरसिंह राव शरद पवार की राजनीतिक, प्रशासनिक और वैचारिक क्षमताओं से भली भाँति परिचित थे। इस कठिन समय में वे केवल अति विश्वसनीय राजनेता से ही सम्बोधित होना चाहते थे। उन्होंने कहा, 'पवार जी, आपको मेरी मदद करने दिल्ली आना पड़ेगा। मैं अकेला इतना प्रचंड भार नहीं उठा पाऊँगा।'

शरद पवार महाराष्ट्र का गढ़ छोड़कर जाना नहीं चाहते थे पर वे संकटकाल में कांग्रेस के काम आना चाहते थे। शेष रात्रि उन्हें नींद नहीं आयी। बरबस उनका ध्यान अपने प्रेरणास्रोत और राजनीतिक गुरु स्व. यशवन्तराव चव्हाण की ओर चला गया। चव्हाण जी को भी महाराष्ट्र का जमाजमाया मुख्यमन्त्री पद छोड़ कर दिल्ली में रक्षामन्त्री पद की ज़िम्मेदारी सँभालनी पड़ी थी। 1962 में पंडित नेहरू ने उन्हें, विशेष ज़ोर देकर बुलाया था। देश के ऊपर चीन से आक्रमण का ख़तरा मँडरा रहा था। श्री चव्हाण के मन में प्रधानमन्त्री पंडित नेहरू के प्रति अटूट आस्था थी इसलिए उनके आग्रह को आदेश मान कर श्री चव्हाण दिल्ली कूच कर गये।

यह सच है कि शरद से अनुरोध करने वाला तब तक प्रधानमन्त्री पद पर नहीं था। 1991 के आम चुनाव के बाद श्री नरसिंह राव कांग्रेस पार्टी के अध्यक्ष थे। इस वक़्त उनका नाम प्रधानमन्त्री पद के लिए नहीं विचारा गया। प्रधानमन्त्री पद के सम्भावित नामों में तब शरद पवार का नाम ही उभर कर आ रहा था। चुनाव सभाओं में, विभिन्न राज्यों में कई बार प्रत्याशियों ने जनता का रुख़ पहचान कर उन्हें आश्वासन दिया कि शरद पवार को प्रधानमन्त्री पद मिलना ही

है। इस चुनावी हवा का फ़ायदा महाराष्ट्र कांग्रेस को मिला और वह भारी मतों से विजयी हुई। किन्तु शरद के मन में कभी इन स्थितियों से लाभ लेने का विचार नहीं आया क्योंकि वे हमेशा यह मानते हैं कि लोकतान्त्रिक प्रणाली में हर निर्णय की एक पारदर्शी प्रक्रिया होती है। इसी प्रक्रिया के अन्तर्गत शरद ने नरसिंह राव को प्रधानमन्त्री पद के लिए अपना बेबाक समर्थन दिया।

दूसरी तरफ़ शरद पवार के कुछ तथाकथित समर्थक अभी तक यह कहते घूम रहे थे कि शरद ही प्रधानमन्त्री पद के लिए सर्वाधिक उपयुक्त पात्र हैं। शरद के मन में नरसिंह राव के लिए आदर और सद्भाव था। वे उनके साथ स्पर्धा की सोच भी नहीं सकते थे। श्री राव को उन पर अगाध विश्वास था। उन्होंने शरद पवार को जून 1991 में देश का रक्षामन्त्री नियुक्त किया। यह बहुत बड़ी ज़िम्मेदारी का पद था। देश की जल, थल और वायुसेना उनके हाथ में थी मानो सागर, पृथ्वी और आकाश सबका जिम्मा उनका था।

उनके इस नये, राष्ट्रीय पदभार ग्रहण करने पर उनके विरोधी कुछ देर के लिए हतप्रभ रह गये।

शरद पवार अहर्निश अपने विभाग को समझने और सुधारने में जुट गये। पुरानी फ़ाइलें पढ़ना, अभिलेख ढूँढ़ना, चीन-भारत युद्ध की परिस्थितियाँ समझना, देश की भौगोलिक कठिनाइयाँ पकड़ना, यह सब उन्होंने बहुत थोड़े समय में कर लिया। हर जगह उन्हें अपने गुरु स्व. यशवन्तराव चव्हाण जी की दृष्टि और हस्तलेख देखने को मिल रहे थे जो अपने आप में कम रोमांचकारी अनुभव नहीं था। फिलहाल सबसे बड़ी ज़रूरत थी कि अपने देश की सीमा सुरक्षित रहे।

इसके लिए शरद पवार ने तीनों सेनाओं की श्रम शक्ति बढ़ाने जैसा क़दम उठाया। उन्होंने चीन और पाकिस्तान की तरफ़ खुलने वाली सीमाओं पर चौकसी बढ़ाई और सैनिकों का मनोबल बढ़ाया। उन्होंने आयुध निर्माण कारखानों में सैन्य सामग्री व हथियारों का निर्माण बढ़वाया, बन्द पड़े आयुध कारखाने पुनर्जीवित किये और कुशल कारीगरों और तकनीकी का प्रयोग सम्भव किया। प्रतिरक्षा विभाग के कार्यकाल में उन्हें असम में उल्फा की गतिविधियों से भी निपटना पड़ा। वहाँ अधिक सैन्यबल लगा कर उल्फा उग्रवादियों से उन्होंने भारी मात्रा में अस्त्र-शस्त्रों की बरामदगी करवाई। अन्ततः उल्फा, सरकार के साथ वार्ता करने के लिए सहमत हो गयी। भारतीय सेना में महिलाओं के प्रवेश का श्रेय शरद पवार को है। 1992 में महिलाओं के लिए सेना में सैन्य-तन्त्र, अभियांत्रिकी, विमान-वहन, क़ानून तथा कार्यकारी कैडरों के लिए विज्ञापन निकाला गया जिसमें

लाखों महिलाओं ने आवेदन किया। भारतीय सैन्यबल के इतिहास में यह एक बेहद महत्त्वपूर्ण अवसर था।

द्विपक्षीय तथा अन्तर्राष्ट्रीय मसलों पर शरद पवार ने चीन के प्रधानमन्त्री से सार्थक बातचीत कर दोनों देशों के लिए बेहतर वातावरण निर्मित किया।

उस समय देश के आन्तरिक हालात ऐसे थे कि पंजाब और कश्मीर, आतंकवादी ज़ुल्मों की आग में सुलग रहे थे। ऐसे में पंजाब में लोकसभा तथा विधानसभा चुनाव करवाना आसान नहीं था। शरद पवार ने यह दुष्कर कार्य सम्भव कर दिखाया। उन्होंने वहाँ सेना-बल इतना बढ़ा दिया कि पंजाब के मतदाता अपने आपको सुरक्षित महसूस कर मतपेटी तक जाकर, निर्भय वोट दे सके। इससे लोकतन्त्र को भी नयी ऊर्जा मिली। वैसे राजनेता पवार को यह भी एहसास था कि किसी भी संवेदनशील सवाल का स्थायी हल इस प्रकार नहीं निकल सकता। सिखों को राष्ट्रीय मुख्यधारा में शामिल करने के लिए हमें, पहले उनका विश्वास जीतना होगा। लगभग यही समस्या कश्मीर में थी। ग़लत नेताओं और ग़लत नीतियों के कारण कश्मीर में उलझनें बढ़ती जा रही थीं। वहाँ भी पाकिस्तान द्वारा प्रशिक्षित आतंकवादियों की घुसपैठ जारी थी। गरीबी, बेरोज़गारी और अशिक्षा के मारे हुए लोग, उनका आसान निवाला बन जाते। केन्द्र सरकार वहाँ राष्ट्रपति शासन लगाने के अलावा और कोई कारगर क़दम नहीं उठा पायी।

शरद पवार ने रक्षा बल बढ़ाकर कश्मीर के आम आदमी को सुरक्षा की भावना प्रदान की। वहाँ क़ानून व्यवस्था बेहतर हुई और लोग घरों से बाहर निकलने लगे।

पवार ने देखा कि हमारी सेना के जवान सियाचिन जैसी पहाड़ी व दुर्गम जगहों में दिन-रात ड्यूटी पर तैनात रहते हैं। उनके सुख-दुख में हिस्सेदारी निभाने के लिए वे सियाचिन गये और जवानों के साथ काफ़ी समय बिताया। उन्होंने उनकी दिक़्क़तें समझीं और समाधान ढूँढ़े। सेना के अधिकारी-वर्ग के निकट आने के विचार से शरद ने गोल्फ खेलना आरम्भ किया और इसमें अच्छी प्रगति कर ली। खेलों के प्रति उनका स्वाभाविक रुझान है ही। रक्षामन्त्री के रूप में उन्होंने अमेरिका जाकर ऐसी नयी तकनीकी सम्भावनाओं पर विचार-विमर्श किया जो सैन्य क्षेत्र को ज़्यादा सक्षम बनाएँ। उन्होंने फ्रांस, चीन और रूस की भी यात्राएँ इसी उद्देश्य से कीं। सभी देशों में उन्होंने द्विपक्षीय मुद्दों पर वार्ता कर परस्पर सहयोग और आर्थिक विकास के कपाट खोले। उनके प्रयत्नों के कारण ही, बाद में प्रधानमन्त्री का इन देशों में जाकर महत्त्वपूर्ण क़रार करना मुमकिन हुआ।

संकट से मुक़ाबला

शरद पवार ने देश की प्रतिरक्षा का उत्तरदायित्व तो पूरी कुशलता के साथ सँभाल रखा था किन्तु उधर महाराष्ट्र राज्य का हाल बेहाल था। सुधाकर राव नाइक की सरकार राजनीतिक, आर्थिक और सामाजिक स्तरों पर खोखली साबित हो चुकी थी। श्री नरसिंह राव ने महसूस किया कि महाराष्ट्र की नैया का खेवनहार शरद पवार ही हो सकते हैं। शरद केन्द्र से वापस राज्य में नहीं लौटना चाहते थे। लेकिन प्रधानमन्त्री की बात टालना उन्हें उचित नहीं लगा और वे 5 मार्च 1993 तक रक्षामन्त्री की हैसियत से काम कर, 6 मार्च 1993 को एक बार फिर, अर्थात् चौथी बार, महाराष्ट्र के मुख्यमन्त्री बन गये।

महाराष्ट्र की जनता उन्हें फिर से पाकर ऐसे खुश हुई जैसे राजा राम अयोध्या लौटे हों। शरद के लिए भी राज्य सरकार का चप्पा-चप्पा जाना-पहचाना था। लेकिन अभी उनकी पत्नी प्रतिभा जी, ठीक से घर-गृहस्थी का सामान लगा भी नहीं पायी थीं कि शुक्रवार 12 मार्च को पूरी मुम्बई बम-विस्फोटों से थर्रा उठी। मुम्बई भारत की आर्थिक राजधानी मानी जाती है। मुम्बई की हालत अस्थिर होने से पूरे देश में अस्थिरता आ जाती है। उद्योग लड़खड़ा जाते हैं, शेयर मार्केट औंधे मुँह गिरता है और देश भर में असुरक्षा की भावना फैलने लगती है।

बम-विस्फोटों की सूचना मिलने के अगली मिनट से ही शरद पवार ने अपने कार्यालय और मन्त्रालय को तत्काल सक्रिय कर दिया। 48 घंटों के अन्दर उन्होंने विस्फोट के अपराधियों को पकड़ लिया। अर्ध-सैनिक बल की टुकड़ियों को उन्होंने जगह-जगह तैनात कर दिया और मुम्बई स्टॉक एक्सचेंज को फिर से चालू करवा दिया।

उस समय डॉ. पी. सी. एलेक्जेंडर महाराष्ट्र के राज्यपाल थे। मुख्यमन्त्री शरद पवार की कार्यशैली और संकट से निपटने की तत्परता देख वे बहुत प्रभावित हुए और यह कहे बिना नहीं रह सके कि 1993 का वर्ष महाराष्ट्र के लिए नियति व आपदा से भरा रहा। 1992 में शुरू हुए जातीय दंगों के धक्के से यहाँ की जनता

अभी उबरी भी न थी कि बम के धमाकों से दहल गयी। पहला धमाका 12 मार्च को दोपहर एक बीस पर हुआ। उसके बाद ढाई घंटों में एक के बाद एक ग्यारह बम-विस्फोट, जुहू, बान्द्रा, सान्ताक्रूज, वरली, दादर और फोर्ट क्षेत्र में हुए। इस एक दिन में 257 लोग मारे गये और 700 लोग घायल हुए। एयर इंडिया और स्टॉक एक्सचेंज की इमारतों को भारी क्षति पहुँची। लोगों के दिल-दिमाग़ भयग्रस्त हो गये। लेकिन शरद पवार ने अपनी मेहनत और फुर्ती से लोगों को भय से मुक्ति दिलायी। महाराष्ट्र के नये मुख्य सचिव एन. रघुनाथन को अभी अपना दफ़्तर सँभालने का मौक़ा भी नहीं मिला था कि यह चुनौती आन पड़ी। रघुनाथन ने 11 मार्च को कार्यभार सँभाला था। स्वयं पवार को मुश्किल से एक हफ़्ता हुआ था कि ये बम विस्फोट हो गये।

पवार ने मुख्य सचिव और अन्य सभी अधिकारियों को यह स्पष्ट कर दिया कि अगले दिन तक वे मुम्बई को वापस मुम्बई जैसी देखना चाहते हैं। सुनने में, उस वक़्त यह बात नामुमकिन लग रही थी लेकिन यह हर एक अधिकारी की कार्यक्षमता को चुनौती भी थी। सबने यह चुनौती मंजूर की।

पुलिस ने गुनहगारों की धरपकड़ में कोई कोर कसर नहीं छोड़ी। कई अपराधी पकड़ कर बन्द किये गये। मुख्यमन्त्री का कार्यालय एक तरह का कण्ट्रोल रूम बन गया। ख़ुद पवार चार दिन चार रात बिना रुके काम में लगे रहे। उन्होंने केन्द्र और राज्य के सभी विभागों में समन्वय बैठाकर काम किया। 13 मार्च तक सड़कों पर से, विस्फोटों से टूटी इमारतों के भग्नावशेष हटा दिये गये, दूध की आपूर्ति फिर से बहाल हो गयी, बसों का चलना पूर्ववत् जारी हो गया और बच्चे स्कूल जाते दिखने लगे थे। 15 मार्च तक मुम्बई स्टॉक एक्सचेंज की 700 फ़ोन लाइनें सुधार दी गयीं और वहाँ सामान्य कामकाज होने लगा।

शरद पवार की चुस्ती, फुर्ती और निर्णय क्षमता की व्यापक सराहना हुई। महाराष्ट्र की जनता, विशेष रूप से मुम्बई की जनता शरद को अपना संकट मोचक मानने लगी। वे सच्चे अर्थों में लोकरक्षक बनकर लोगों के हृदय में प्रतिष्ठित हो गये।

मनुष्य कितना भी प्रयत्न करे, समय-चक्र किसी के लिए नहीं थमता है। इधर शरद राज्य के रक्षक बन अपने कार्यों में पूरी ताकत से लगे हुए थे, उधर प्रकृति और पृथ्वी में हलचल मचने वाली थी। 29 सितम्बर 1993 को आधी रात के बाद अकस्मात् लातूर और उस्मानाबाद में भयानक भूचाल आ गया। भोर चार बजे जब तारे भी अभी नहीं डूबे थे, लातूर और उस्मानाबाद में लाखों लोग बेघरबार हो गये, 9774 लोग मारे गये और 15565 लोग घायल हो गये। 30,000 मकान

तो पूरी तरह ज़मींदोज़ हो गये। 1,14,000 मकान बुरी तरह से टूट-फूट गये।

पवार तीन घंटे के अन्दर लातूर पहुँच गये। डॉ. रवि बापट के अनुसार ये तीन घंटे भी उन्हें इसलिए लगे क्योंकि उन्हें सभी विभागों को आवश्यक निर्देश देने थे, स्वास्थ्य सेवाएँ दुर्घटना स्थल पर पहुँचानी थीं और हेलिकॉप्टरों का इन्तज़ाम करता था।

और लातूर और उस्मानाबाद में राहत पहुँचाने और पुनर्वास का प्रबन्ध करने में शरद पवार ने जो परिश्रम किया, मानवता दिखाई, संवेदना व्यक्त की और लोगों को सहानुभूति बाँटी, वह अब तक न भूतो न भविष्यति, कभी सुनी न देखी। पवार, इस संकटकाल में जनता के मित्र साबित हुए और उन्होंने संकटग्रस्त लोगों को अपने विश्वास की छत्र-छाया में लिया। मुझे कितने ही भुक्तभोगियों ने बताया कि कैसे मुख्यमन्त्री पवार, त्रास की उस घड़ी में दिन-रात उनके साथ रहे, उनकी मदद की और उन्हें फिर से बसाया।

ज़िला उस्मानाबाद के काने गाँव के निवासी शिवाजी बब्रुवान कदम ने कहा, '1993 के भूकम्प में हज़ारों लोग मरे, लाखों बेघर हुए। लोगों की वेदना, दुख और त्रास जानने को पवार साहेब हमारे दरवाज़े तक पहुँचे। उस्मानाबाद और लातूर के 54 गाँवों में उन्होंने सौ प्रतिशत घरों को फिर से बसा दिया यानी एक भी परिवार बेघर नहीं बचा। उन्होंने वहाँ बन्द पड़ी किल्लारी शेतकरी साखर मिल भी चालू करवाई जिससे लोगों को काम मिला। उन्होंने मिल को अनुदान देकर पुनर्जीवित किया। रातोंरात मकान खड़े कर लोगों को छत प्रदान की।' लातूर के औसा गाँव के निवासी हरिभाऊ जवड़गे ने भी अपनी भावना इस तरह व्यक्त की, 'किल्लारी के प्रलयंकारी भूकम्प में, न जाने कितने स्त्री, पुरुष और बच्चे मौत के मुँह में समा गये। उस समय पवार साहेब ने देश और परदेश की स्वयंसेवी संस्थाओं और सेना के जवानों की मदद से सब मृतकों का अन्तिम संस्कार करवाया। जो व्यक्ति जीवित बच गये थे, उनके उपचार में पवार साहेब मुख्य सूत्रधार थे। उनकी सज्जनता हिमालय जैसी ऊँची और उदार है। उन्होंने अपनी जान की परवाह न करके हम पीड़ितों को राहत दी। उनकी मौजूदगी के कारण बाकी मदद करने वाले अफ़सर वगैरह भी चौबीसों घंटे काम में लगे रहे।

'हमारे गाँव की जनता पहले भी पवार साहेब से प्रेम करती थी। उस भूकम्प के बाद, राहत के रूप में अन्न, वस्त्र, दवाएँ और इलाज का प्रबन्ध पा कर तो वह उन्हें महान मानती है। उन्होंने हमको नवजीवन दिया है।'

भूकम्प जैसी प्राकृतिक आपदा से डटकर मुक़ाबला करते हुए शरद पवार को खुद भी इसका अन्दाज़ नहीं हुआ कि इतिहास ने उन्हें कितनी बड़ी भूमिका

में ला खड़ा किया है। वे तो बस भाग-भाग कर लोगों को ढाढस बँधाते रहे, हर गाल से आँसू पोंछते रहे और कर्मचारियों का हौसला बढ़ाते रहे। वे महाराष्ट्र के लाड़ले नेता तो हमेशा से थे, अब वे महानायक की तरह माने जाने लगे। इसकी अनुगूँज विश्व के अनेक देशों तक पहुँची। पवार ने अपने प्रयासों से, विश्वबैंक से 1000 करोड़ रुपये का ऋण अवमुक्त करवाया ताकि भूकम्प पीड़ितों को वे वापस अपने पैरों पर खड़ा कर सकें। उन्होंने प्रशासनिक और कार्यकारी दोनों कमान सँभाली और महाराष्ट्र राज्य को कमज़ोर पड़ने से बचाया। 16 अक्टूबर 1993 को आकाशवाणी से प्रसारित अपने उद्‌बोधन में समस्त देश और प्रदेशवासियों को स्थिति की जानकारी दी। उन्होंने कहा, 'विघ्नहर्ता गणपति बप्पा को विदाई देने के ठीक अगले रोज़ हमें बहुत बड़ी आपदा का सामना करना पड़ा। आज़ादी के बाद महाराष्ट्र में इस तरह के भूकम्प का अनुभव पहले कभी नहीं हुआ। हज़ारों लोग मर गये। गाँव के गाँव, न जाने कितनी बस्तियाँ उजड़ गयीं, लाखों लोग घर से बेघर हो गये। यह केवल शारीरिक ही नहीं, मानसिक आघात भी है। हमारा आर्थिक जीवन पूरी तरह तितर-बितर हो गया है। महाराष्ट्र की सारी जनता इस गम में डूब गयी है। लेकिन संकट की इस घड़ी में सिर्फ़ शोक मनाने से काम नहीं चलेगा। हमें इस क्षति से उबरना है, यह हमारा संकल्प है।

'हमारे दो ज़िले—लातूर और उस्मानाबाद भूकम्पग्रस्त हो गये हैं। यह बड़ी प्राकृतिक विपदा है। हमें हज़ारों की तादाद में मदद करने वालों की ज़रूरत है। आज सम्पूर्ण सरकारी व्यवस्था रात-दिन अपनी समस्त ताक़त के साथ भूकम्पग्रस्त क्षेत्रों में सहायता जुटा रही है। लोगों के प्रतिनिधियों ने इसमें बहुमूल्य योगदान दिया है। भारतीय सेना की सहायता भी क़ाबिले तारीफ़ है। महाराष्ट्र के कोने-कोने से आये डॉक्टर, नर्स, स्वयंसेवकों ने लोगों की सेवा की है। स्वयंसेवी संस्थाओं ने पीड़ितों की मूलभूत ज़रूरतों, जैसे भोजन और कपड़ों की व्यवस्था की है।

'भूकम्प में जख़्मी लोगों को अस्पतालों में भरती किया गया है। इनमें जो मौत के शिकार हुए उनके शवों का अन्तिम संस्कार करते समय यह ध्यान रखा गया है कि यह विषम और अन्तिम काम उनके धर्मानुसार ही हो।

'ऐसे समय में बीमारी फैलने का बहुत डर रहता है। हमने ऐसे इन्तज़ाम किये हैं जिससे बीमारी न फैले। बिजली की आपूर्ति में कुछ दिक़्क़तें थीं। जगह-जगह तार ध्वस्त हो गये थे। अब उन्हें ठीक कर दिया गया है। प्राइमरी स्कूल खुल गये हैं। बच्चों को किताब-कापी भी दी जा रही हैं।

'यह सब तो तात्कालिक पुनर्वास के अन्तर्गत हुआ है। अब असली ज़िम्मेदारी यह बनती है कि हम जनता के स्थायी पुनर्वास का काम आरम्भ करें। इसके लिए

कम से कम 30-35 हज़ार घर बनाना ज़रूरी है। फिर पीने का पानी, बिजली, कच्चे और पक्के रास्ते, प्राथमिक शालायें, ग्राम पंचायत और कार्यालय भी बनाने होंगे। अर्थात् जो भी सुविधाएँ वहाँ थीं, उन्हें फिर से जुटाना और बनाना होगा। यह चुनौती भरा काम है और इसे पूरा करने के लिए हज़ारों करोड़ रुपयों की निधि तैयार करनी होगी। फिर हमें यह भी देखना है कि इस भूकम्प में से जीवित बचा हर मनुष्य मानसिक रूप से भी खड़ा हो सके। हम लोगों के नुक़सान का पता लगायेंगे। जिन किसान भाइयों का पशुधन नष्ट हो गया है उन्हें हम नये पशु उपलब्ध करवायेंगे।'

उन दिनों दीपावली का त्योहार आने वाला था। सभी जानते हैं कि महाराष्ट्र में दीपावली कितने उल्लास से मनायी जाती है। शरद पवार ने यह समझते हुए, लोगों से अपील की कि इस बार वे दीपावली थोड़े अलग ढंग से मनाएँ। उन्होंने कहा–

'दीपावली के लिए जो खर्च हम करते हैं, उसे इस साल हम भूकम्प पीड़ितों के पुनर्वास में लगायें। इस पुनर्वास के लिए मुख्यमन्त्री सहायता कोष से हम जो कुछ भी दे सकते हैं, देंगे। आप सब यह संकल्प लें कि आप भी अपने पीड़ित भाइयों की सहायता करेंगे। आप से मिलने वाला एक-एक रुपया इन भूकम्प पीड़ितों को अपने पैरों पर खड़ा होने में हौसला देगा। महाराष्ट्र का एक नया इतिहास हम सब मिल कर लिखेंगे। जीत हमारी होगी।'

और शरद पवार ने यह दुष्कर कार्य कर दिखाया। उनके वे विरोधी जो अब तक यह सोचकर प्रसन्न हो रहे थे कि पवार केन्द्र की जगह राज्य की राजनीति में धकेल दिये जाने के कारण अब केन्द्रीय की जगह क्षेत्रीय नेता समझे जायेंगे, एकबारगी बौरा गये जब उन्होंने पाया कि महाराष्ट्र राज्य के संकट हरते-हरते पवार अन्तर्राष्ट्रीय ख्याति के राजनेता बन गये।

अन्य राज्यों में भी प्राकृतिक आपदायें आती हैं पर कहीं कोई नेता रात-दिन अपना आप भुलाकर, ज़मीनी कार्यकर्ता की तरह काम में नहीं जुटता। पवार ने यह कर दिखाया। संकट की इस घड़ी में उनकी पत्नी प्रतिभा भी तनमन से उनके अभियान में जुटी रहीं। शोलापुर के सर्किट हाउस में वे कभी पवार साहब की सेक्रेटरी बन जातीं तो कभी टेलिफ़ोन ऑपरेटर। कभी वे फ्लोरेंस नाइटिंगेल की तरह घायलों की मदद को चली जातीं तो कभी वे दुखियों के आँसू पोंछने की भरसक कोशिश करतीं।

विस्मय की बात यह है कि पवार ने संकटकाल में अपनी सरकारी मशीनरी को किस तरह सक्रिय रखा। उनके मुख्य सचिव एन. रघुनाथन का विचार है

कि 'इतना विशाल और जटिल कार्य इसलिए सम्भव हुआ क्योंकि शरद पवार में चुनौतियों का सामना करने की अद्भुत सामर्थ्य है। फिर उन्हें अपने सहयोगियों और अधिकारियों पर अटूट विश्वास है। तीसरे, वे बड़े ठंडे दिमाग़ से, तसल्ली से काम करते और काम लेते हैं। चौथा कारण यह कि ज़रूरत पड़ने पर वे आसानी से उपलब्ध हो जाते हैं। वे अपने पद का आतंक नहीं खड़ा करते।'

रघुनाथन मानते हैं कि 'भूकम्प के कठिन काल में प्रतिभा ताई चट्टान की तरह पवार जी के पीछे खड़ी रहीं। उन्होंने उनको तो सहारा दिया ही, हम सब के लिए भी वे प्रेरणा-स्रोत बनीं। यों तो वे कभी जनता के बीच आना पसन्द नहीं करतीं पर उस समय उन्होंने दिखा दिया कि ज़रूरत पड़ने पर वे अपने पति की ख़ातिर कितना कुछ कर सकती हैं। धीर, गम्भीर, मौन प्रतिभा ताई बेमिसाल हैं।'

सच तो यह है कि तुलसीदास की ये पंक्तियाँ प्रतिभा पवार पर पूरी तरह खरी उतरती हैं–

'धीरज, धर्म, मित्र अरु नारी
आपद काल परखिये चारी।'

लोकप्रिय पवार

सार्वजनिक नेता के जीवन-जगत का कोई हिस्सा गोपन नहीं रहता। जिस व्यक्ति को लोग हर चुनाव में जनतान्त्रिक ढंग से चुन कर संसद या विधानसभा में भेजते हैं, उसकी एक-एक जुम्बिश पर उनकी नज़र रहती है। किसी राजनीतिज्ञ की असली छवि की जानकारी उसके गृहनगर, चुनाव-क्षेत्र अथवा कार्य-क्षेत्र से ही हो सकती है।

हमारे देश के प्रथम प्रधानमन्त्री पंडित जवाहरलाल नेहरू इस मामले में सबसे अधिक भाग्यशाली थे। उनकी छवि विश्व में तो उज्ज्वल थी ही, अपने घर देश में भी कम उज्ज्वल नहीं थी। वे मुल्क के दुलारे नेता थे। उन्हें किसान भी चाहते थे और कामगार भी, श्रमजीवी भी उन्हें प्यार करते थे और बुद्धिजीवी भी। इस तरह का विश्वव्यापी लगाव बहुत कम लोगों को नसीब होता है। नेहरू जी स्वयं कहते थे, 'मैं तो पूर्व और पश्चिम का अजब मिक्सचर बन गया हूँ।' लोग उनकी साफ़गोई पर फिदा थे, वे उनकी हँसी, उनकी चाल, उनकी चपलता के दीवाने थे। यहाँ तक कि लोग उनके गुस्से पर भी फिदा थे।

पंडित नेहरू की असीम लोकप्रियता ने जन-जन की जिज्ञासा को भी सक्रिय किया था। बहुत बार कोई काल्पनिक क़िस्सा उछाल दिया जाता और उसे विश्वसनीय बनाने के लिए पंडित नेहरू का नाम बीच में डाल दिया जाता। जैसे लोग कहते, जवाहरलाल जी और उनके पिता मोतीलाल जी के कपड़े तो धुलने के लिए पेरिस जाते थे। हर हफ़्ते पेरिस से, उनके धुले हुए कपड़ों की पार्सल आती।

ऐसे क़िस्सों में तर्क की जगह प्रेम और तथ्य की जगह तादात्म्य मौजूद रहता है। ठीक इसी तर्ज़ पर लोगों ने शरद पवार के विषय में क़िस्से बना रखे हैं। सफलता मिथक को जन्म देती है और लोकप्रियता दन्तकथा को। दोनों में सबसे सशक्त तत्त्व लोकसमर्थन का होता है। पुणे के जिस भी गाँव में मैंने ग्रामीणों से बात की, सभी ने बड़े जोश से बताया, 'जब साहेब पुणे में पढ़ता था, उनका खाना दर रोज़ काटेवाडी से आता था।' पुणे और काटेवाडी के बीच 100 मील की दूरी है। ज़ाहिर है उस वक़्त आवागमन के साधन और भी धीमे रहे होंगे।

ऐसे में खाना घर से कितने बजे चलता होगा और कब पुणे पहुँचता होगा। ठंडा भी हो ही जाता होगा। कहाँ थे तब थर्मोस्टार डब्बे और कैसेरोल। हो सकता है कुछ ख़ास व्यंजन या पकवान माँ बनाकर भेजती हो जिनमें उनके हाथ का स्वाद-सुगन्ध बसी रहती हो जैसे पूरण पोली, थालीपीठ, लड्डू, अनरसे, चकली और सेब। लेकिन जनता कोई भी सन्देह अथवा संशोधन सुनने के लिए तैयार नहीं। लोकमानस में यह श्रुति समायी हुई है।

एक और दन्तकथा जिस पर मुझे भरपूर आश्चर्य हुआ, यह थी कि उनके परिवार में दस लाख गायें और मुर्गियाँ थीं। कोई तर्क से सोचे कि इतने पशु-पक्षी कहाँ रखे जाते थे। समूचा गाँव भी उनके लिए छोटा पड़ जाता। पर मिथक तो मिथक है। उसमें नित नवीन क़िस्सा जुड़ता जाता है और वह समृद्ध होकर लोकगाथा बन जाता है।

मुम्बई, पुणे, सतारा ऐसी जगहें हैं जहाँ का कोई चौराहा शरद पवार के पोस्टर या बैनर के बगैर नहीं है। कहीं राष्ट्रवादी कांग्रेस पार्टी के अध्यक्ष के रूप में तो कहीं जननेता के रूप में उनकी हँसमुख छवि आपका स्वागत करती है। मुम्बई में उनकी टक्कर की लोकप्रियता केवल एक और नेता की दिखी—बाल ठाकरे। जहाँ दोनों नेताओं की होर्डिंग अगल-बगल लगी है वहाँ वे नायक, खलनायक का कन्ट्रास्ट प्रस्तुत करते हैं। आप यह भी सोच सकते हैं कि यह जातीय नेता और जननेता के बीच काँटे की टक्कर है। देखा जाय तो वर्तमान राजनीति का वातावरण भी कुछ ऐसा ही बन गया है जहाँ जातीय सवालों को यकायक राष्ट्रीय मुद्दा बनाया जा रहा है।

हमें नेपियन सी रोड से वाशी जाना था। टैक्सी ड्राइवर ओमप्रकाश अच्छा और बातूनी था। सोचा चलो सफ़र जल्द कट जायेगा।

हाज़ीअली के पास अभी भी सागर का यौवन-ज्वार अपने उद्दाम वेग पर था। सड़क पर से गुज़र रहीं बस, टैक्सी, कार में सागर की लहरों के छींटे आकर एक नन्ही-सी सनसनी, एक मीठी-सी गुदगुदी पैदा कर देते हैं।

'वाशी जाने में कितनी देर लगेगी?' मैंने पूछा।

'एक कलाक। जाम में फँस गये तो दोन कलाक।' ओमप्रकाश ने कहा। मुझे लगा अंग्रेज़ी के शब्दों को थोड़ा-सा बिगाड़ने पर वे ज़्यादा अर्थवान हो जाते हैं। हम मुम्बई वाले अच्छी तरह जानते हैं कि शहर की भाषा में कलाक का अर्थ घंटा और जाम का अर्थ ट्रैफिक जैम है। हाइवे की शुरुआत पर शरद पवार की बड़ी-सी होर्डिंग लगी है।

ओमप्रकाश पूछता है, 'सर, आप पावर साब को जानता क्या?'

'तुम उन्हें पहचानते हो क्या?' मैं प्रतिप्रश्न करता हूँ।

'क्या बात करते हैं, सर। पावर साब को नहीं जानेगा क्या। चार बार अपना सी. एम. रहेला है।'

'इससे तुम्हें क्या?'

'ऐसा है उनको अपना धीरूभाई शेठ बहुत मानता था। जब धीरूभाई बीमार पड़ेला था, लोगों ने बोला शेठ को शिरडी ले जाने का। वहाँ माथा टेक कर एकदम बरोबर हो जायेगा। आप जानो, कितना मोठा (बड़ा) आदमी! कम से कम पन्नास लोग उसके साथ चले। सबकी एक से बढ़ कर एक ए. सी. गाड़ियाँ। पर धीरूभाई एकदम सिम्पल आदमी। बीच रास्ते में वे गाड़ी रुकवाये। बोले, 'मेरे को बन्द गाड़ी में साँस नहीं आता। खुली गाड़ी मँगवाओ मेरे वास्ते।'

'उदरीच मेरी टैक्सी खड़ी थी। बस धीरूभाई शेठ आकर मेरी टैक्सी में बैठ गये। उनके साथ उनका डाक्टर पण बैठा। दर्शन कर के मेरीच टैक्सी में वापस आये।'

'बात तो पवार साब की हो रही थी!'

'वोइच बोलता मैं। पावर साहब की बात बताता।'

'तुम पवार साब को पावर पावर क्या बोलते हो?'

'इधर में ज़्यादा लोग उनको पावर साब म्हणते (कहते) हैं।'

'जभी धीरूभाई शेठ का तबियत ज़्यादा बिगड़ेला, उनका बच्चा लोग उनको हॉस्पिटल में भरती कराया। पावर साब उनको देखने कू आया तो शेठ ने उनका हाथ अपने हाथ में लेकर बोला, 'पावर साब मैं तो चला। मेरे पिच्छू से आप मेरे बच्चों का ध्यान रखना।' '

ओमप्रकाश इतनी शिद्दत से अपनी टूटी-फूटी भाषा में अभिव्यक्ति का संघर्ष कर रहा था कि मैं यह भी नहीं कह पाया कि वह फिर विषयान्तर कर रहा है।

'अब अपुन क्या सोचता सर कि जिसको हम इतना मानते, वह पावर साब को इतना मानते। बोलने से पावर साब का केतना पावर होगा।'

'पावर नहीं, पवार साहब।'

'वोइच मेरा मतलब।'

जब कोई नेता जनता के बीच मिथक बनकर प्रवेश कर जाय तब वह बहुत लम्बी पारी खेल सकता है, जब तक चाहे तब तक। एक समय इसी तरह की लोकप्रियता और मिथक निर्माण की सामर्थ्य महात्मा गाँधी के साथ थी। नेहरू जी के साथ तो थी ही। संघर्ष और उत्कर्ष के दिनों में मुल्क में जो भी बढ़िया काम होते, सब इनके खाते में डाल दिये जाते। जनता इन नेताओं के विषय में ऐसे बोलती जैसे उनसे इनका सुबह-शाम का मिलना हो। महाराष्ट्र में शरद जी

के लिए इस तरह की आत्मीयता और ऊष्मा सभी में मिली—किसान, मज़दूर, छात्र, यहाँ तक कि गड़रिये में भी। इससे निष्कर्ष यह निकलता है कि अपने चुनाव-क्षेत्र और गृहनगर बारामती की उन्होंने बेहतरीन विकेट-कीपिंग की है। अपने गुरु श्री चव्हाण की तरह ही वे अपनी ज़मीन से जुड़े, ज़मीन से उगे हैं। यशवन्तराव चव्हाण कहा करते थे, 'अपने राज्य से प्रेम कोई अपराध नहीं है, न ही वह आपको राष्ट्रीय राजनीति में आने से रोकता है।'

ठीक यही धारणा और आस्था शरद पवार की है। इसीलिए पिछले दिनों टी. वी. के एक प्रमुख चैनल पर 'कशमकश' कार्यक्रम में साक्षात्कार देते हुए शरद पवार ने पत्रकार पुण्य प्रसून वाजपेयी से ज़ोरदार शब्दों में बताया, 'कुछ लोग सोचते हैं कि गाँवों में काम करके अपनी पार्टी मज़बूत नहीं हो सकती। श्री यशवन्तराव चव्हाण राजनीति में गाँव से ही उठे और राष्ट्रीय स्तर के नेता बने। वे 1982 में अपने गृहक्षेत्र सतारा से चुनाव जीते। जो राजनीति में काम करता है उसे अपना बेस, अपना आधार मज़बूत रखना चाहिए।' 26 अक्टूबर 2003 को हुए इस साक्षात्कार में शरद पवार की कुछ और विशेषता भी देखने को मिली। पुण्य प्रसून वाजपेयी ने 'चक्रव्यूह', 'मुद्दा' और 'यक्षप्रश्न' खण्डों में शरद से एक से बढ़ कर एक ख़ून खौलाऊ सवाल किये। शरद उतना ही भड़ककर उत्तर दे सकते थे पर वह राजनीतिज्ञ ही क्या जो मिथ्यारोपों से उखड़ जाय। शरद पवार ने अपनी चिर-परिचित सरल और गम्भीर, शान्त और तार्किक शैली में उत्तर दिये। स्वयं पत्रकार रह चुके शरद पवार, पत्रकारिता के फन्दे भली-भाँति पहचानते हैं। वे लोकसभा में निर्वाचित सांसद की हैसियत से बैठ चुके हैं। कितनी ही बार वे मन्त्री, मुख्यमन्त्री रहे हैं। वे विपक्ष के नेता रहे हैं। पुण्य प्रसून के हिमाकत भरे सवालों का उन्होंने सम्यक दृष्टि से सामना किया और तर्कसंगत उत्तर दिये।

शरद ने साफ़ कहा भी है, 'सार्वजनिक जीवन में कार्य करते समय अनेक प्रकार से दोषारोपण किये जाते हैं। उनकी कठोर आलोचना भी की जाती है। लेकिन दोषारोपण यदि बेलगाम हो गये तो समझो झूठशाही आ गयी। इसलिए आरोप लगाने के वक़्त सिद्धान्त और तर्क का पालन करना आवश्यक होता है।' एक दिन बातचीत के दौरान उन्होंने बताया कि 'सरकार की नीतियों का कार्यान्वयन हमेशा आलोचना के दायरे में आता रहा है। सरकार का कर्तव्य है कि अफ़सरशाही को उत्तरदायित्व की चेतना दे। यह चेतना लोगों के प्रति हो, सरकार के प्रति नहीं। बहुत से लोग अफ़सरशाही पर टीका-टिप्पणी करते हैं। कुछ हद तक यह सही भी हो सकती है। दफ़्तरतन्त्र तेज़ अश्व के समान है। अगर उस पर बैठा सवार कमज़ोर है तो यह अश्व उसे नीचे पटक देगा। ऐसे में घुड़सवार को घोड़े की दया पर जीना

पड़ेगा। मैं महाराष्ट्र में मुख्यमन्त्री और केन्द्र में रक्षामन्त्री के पद पर काम कर चुका हूँ। मेरी राय है कि हमारी अफ़सरशाही बुरी नहीं है। उसकी कुछ दिक़्क़तें हैं और यदि हम उन दिक़्क़तों को समझ लें तो अधिकारी वर्ग का काम आसान हो जाय। मैं अपने अनुभव से कह सकता हूँ कि केन्द्र या राज्य के किसी भी संकट में अगर अधिकारी वर्ग हमें सहयोग करे तो हम बहुत जल्द संकट से छुटकारा पा सकते हैं। सरकार को यह बात समझनी चाहिए।

'एक बार श्री यशवन्तराव चव्हाण कांग्रेस पार्टी के कार्यकर्ताओं को बड़ा प्रेरक व्याख्यान दे रहे थे। उसके बाद उन्होंने पंचायती राज प्रशासन पर हुई कार्यशाला में सभी ज़िला अधिकारियों, कार्यकारी अधिकारियों और राजपत्रित कर्मियों को सम्बोधित किया। इन अफ़सरों ने चव्हाण जी से पूछा, 'अफ़सरशाही को आपका सन्देश क्या होगा?'

'चव्हाण जी ने कहा, 'सरकार को लोगों को 'ना' कहना सिखाना पड़ेगा और अफ़सरों को 'हाँ' कहना अर्थात् अगर लोगों की माँग अनुचित है तो सरकार इनकार करने का साहस दिखाये। अगर माँग उचित है तो सरकार तुरन्त उसे अफ़सरशाही की मदद से पूरा करे। आजकल राजनेता ग़लत माँग भेजकर अफ़सरों को साँसत में डालते हैं। अगर अफ़सर उनकी माँग पर काम नहीं करता तो शोर मचाया जाता है कि अफ़सरशाही बुरी है। कभी कोई अधिकारी दबाव में काम कर देता है तो पूरा अधिकारी वर्ग बदनाम होता है। इससे एक अलग किस्म का भ्रष्टाचार पनपता है।'

'सरकार और अधिकारी-वर्ग के बीच बेहतर सम्प्रेषण और संयोजन होना चाहिए। अगर कोई बात जनहित में है तो अधिकारी वर्ग को तत्काल सक्रिय होना चाहिए। राजकाज करने वालों को भी समझना चाहिए।

'आज भी श्री यशवन्तराव चव्हाण के ये विचार मुझे प्रेरित करते हैं और दिशा दिखाते हैं।' कह कर शरद पवार चव्हाण जी की यादों में खो गये।

अभी उस दिन शरद को 'वॉक द टॉक' कार्यक्रम में शेखर गुप्ता के साथ काटेवाडी के गोविन्दबाग में चहलक़दमी करते देखा। बातचीत में शरद का वही सम्यक्, सौम्य किन्तु तार्किक अन्दाज़! लाख कोशिश की शेखर गुप्ता ने पर शरद के मुख से एक भी असंयत बात नहीं निकलवा पाये। शरद के व्यक्तित्व में विचार, विवेक और सावधान विमर्श हमेशा मौजूद रहता है।

बारामती के विकास के लिए उन्होंने बाकायदा एक बुनियादी ढाँचा तैयार कर उस पर काम किया। इस दृष्टि से शरद में पंडित जवाहरलाल नेहरू जैसे गुण नज़र आते हैं। नेहरू जी के सपनों का भारत अगर हम वास्तविक रूप में देखना चाहते

हैं तो हमें बारामती का एक चक्कर ज़रूर लगाना चाहिए। शरद ने कृषि विकास के साथ-साथ बारामती का भाग्य-विकास किया है। वहाँ मीलोंमील उसकी लम्बी घनी फ़सल की हरियाली कच्चे-पक्के रास्तों के साथ-साथ चलती है। ऊस की खेती से वहाँ और खुशहाली, आत्मनिर्भरता और आत्मविश्वास पैदा हुआ है। बारामती की तरह-तरह की मिट्टी को शरद ने तरह-तरह के उपयोग में लगाया। अगर हर सांसद व नेता अपने चुनाव-क्षेत्र की इस तरह सेवा करे तो भारत का नक्शा बदल जाय पर हमारे यहाँ नेता वह जीव है जो सिर्फ़ चुनाव के समय अपने क्षेत्र में झाँकता है।

महाराष्ट्र में ऐसे कई शहर और कस्बे थे जहाँ कभी किसी ने मिल की चिमनी से उठता धुआँ नहीं देखा था। शरद पवार ने इन जगहों में उद्योग लगवाकर उन्हें सोते से जगाया। दो ही वर्ष में नासिक, औरंगाबाद, रोहा, जलगाँव, चिपलूण, नागपुर, रत्नगिरि, तारापुर, चन्द्रपुर, पैठण और बारामती का दृश्य ही बदल गया। बड़ी-बड़ी कम्पनियों ने यहाँ अपने उद्योग लगाये। इन कामों में सबसे बड़ी पूँजी शरद के प्रति लोगों का विश्वास था कि यह नेता हमारे लिए उपस्थित है, प्रतिबद्ध और प्रस्तुत। जनता ने उन्हें बहुत आदर और प्रेम दिया है क्योंकि वह जानती है कि शरद पवार ऐसा नेता है जो सत्ता के गलियारे में जाकर जनता को भूलेगा नहीं। इसीलिए महाराष्ट्र की जनता उन्हें विजयी बनाकर बार-बार संसद और विधानसभा में भेजती है। शरद सत्ता के चाहे पक्ष में रहें, चाहे विपक्ष में, जनता का हित उनके मन-मस्तिष्क में सर्वोपरि रहता है। जब भी जनता के ऊपर कोई मुसीबत आती है, शरद संकटमोचक की तरह उनकी सहायता करने आ पहुँचते हैं।

शरद का सबसे बड़ा करिश्मा शिक्षा के क्षेत्र में है। बारामती के विद्या प्रतिष्ठान ऐसे बने हैं कि कुछ देर को आप भूल जाते हैं कि आप शहर नहीं गाँव में घूम रहे हैं। विद्या प्रतिष्ठान में 5000 से ऊपर विद्यार्थी शिक्षा पा रहे हैं। शरद का सपना है कि गाँव के किसान, मज़दूर और चरवाहों के बच्चे शिक्षा से वंचित न रह जायें। कक्षा एक से बारह तक लड़कियों को निःशुल्क शिक्षा दी जाती है। डॉ. अम्बेडकर की तरह शरद मानते हैं कि जब तक समाज के सबसे पिछड़े, कुचले और दबे वर्ग तक शिक्षा नहीं पहुँचती, देश का विकास अधूरा रहेगा। विद्या सूचना प्रौद्योगिकी संस्थान भी इसी दिशा में एक कड़ी है। यहाँ 826 छात्र-छात्राओं के लिए हॉस्टल भी उपलब्ध है। शरद चाहते हैं कि कम्प्यूटर शिक्षा ग्रामीण क्षेत्र के बच्चों को भी मिलनी चाहिए।

मैंने शरद पवार के प्रति लोगों का प्रेम देखा। किसान से लेकर टैक्सी ड्राइवर तक अपने 'साहेब' के लिए खुश और भावुक होता रहता है। शायद शरद की लोकप्रियता का रहस्य यही है कि वे एक साथ आदर्शवादी और यथार्थवादी दोनों हैं।

इक्कीसवीं सदी में

हर बार शरद पवार को देख कर यह सन्तोष मिलता है कि स्थितप्रज्ञता इनका गुण ही नहीं, स्वभाव भी है। सर्दी-गर्मी, हार-जीत, पक्ष-प्रतिपक्ष, हारी-बीमारी हर मौसम में वे सदाबहार रहते हैं।

जब से उनके जबड़े की शल्य-क्रिया हुई है, बोलना थोड़ा तकलीफ़देह है, इसके बावजूद उनकी जिजीविषा व अदम्यता में कोई फ़र्क नहीं आया। 2015 के अक्टूबर में जब उनसे बातचीत हुई, मैं जानबूझ कर उनकी बीमारी का नाम लेने से बच रहा था, शरद ने खुद कहा, 'कोई ऐसी वैसी बीमारी नहीं, मुझे कैंसर हुआ था। इसका पता ऐसे चला कि मैं चुनाव का पर्चा भरने पुणे गया था। हर बार की तरह मेरे दोस्त डॉ. बापट साथ थे। उन्होंने कहा, 'इस काम को कर लो, फिर ज़रा मुम्बई चलो मेरे साथ।'

मैंने पूछा, 'क्यों?'

डॉ. बापट बोले, 'कुछ नहीं एक बार हॉस्पिटल में तुम्हारा चैक अप करेंगे।'

हम हॉस्पिटल पहुँचे। डॉ. बापट ने कहा, 'इनकी बायप्सी करनी है।'

मैं फौरन समझ गया। जब किसी मरीज़ को कैंसर का अन्देशा होता है, तभी बायप्सी की दरकार होती है।

बायप्सी की रिपोर्ट 50-50% थी, यानी कैंसर हो भी सकता है और नहीं भी हो सकता। यानी आधा ख़तरा और आधी ख़ैरियत थी। एक-दो और डॉक्टरों से भी जाँच करवाई, उसके बाद लगा कि यह मसूढ़े का कैंसर है। अब क्या करना चाहिए?

इसी बीच उनका फ़ोन कसमसाया। मैसेज आया था। शरद पवार ने मोबाइल का मैसेज पढ़ कर सुनाया, 'अच्छे दिन सरकार की हुकूमत में, ज़रूरी चीज़ों का रेट का नक्शा—तुवर दाल मई 2014 में 70 रु. अक्टूबर 2015 में 190 रु. किलो यानी 160% महँगी। उड़द दाल मई 2014 में 70 रु. किलो, अक्टूबर 2015 में 130 रु. यानी 83% महँगी। चना दाल 50 रु. से 95 रुपये हो गयी, 90%

महँगी। मसूर दाल 69 से 100 रु. किलो, 45% महँगी। शायद वो दिन अच्छे थे, सस्ते थे।' फ़ोन बन्द करने के बाद वे हमारी तरफ़ मुखातिब हुए, 'हाँ, तो हमारी क्या बात चल रही थी।'

'आपकी बायप्सी वाली।'

'हाँ, तो मैंने डॉक्टर से पूछा, अब क्या करना होगा?'

डॉक्टर ने कहा, 'सर्जरी।'

मैंने कहा, 'चलो, आज अभी कर डालो जो करना है।'

डॉक्टर ने कहा, 'पहले दो-तीन परीक्षण करने होंगे।'

प्रतिभा और सुप्रिया का कहना था कि अमेरिका या इंग्लैण्ड में भी एक बार दिखा लिया जाय। न्यूयॉर्क के स्लोन कैटरिंग कैंसर हॉस्पिटल में जो विशेषज्ञ डॉक्टर है, वह भारतीय है, डॉक्टर मेहता। उन्हें मुँह का घाव दिखाया। उनकी सलाह भी यही थी कि सर्जरी कराने की आवश्यकता है। मैंने कहा, 'तो आप कर दीजिए।'

डॉक्टर मेरा मुँह ताकते रह गये।

'आपको डर नहीं लगा? घबराहट नहीं हुई?' मैंने सवाल किया।

'बिल्कुल नहीं। मैं ऑपरेशन के लिए एकदम तैयार था।'

'डॉक्टर ने कहा, आप यहाँ क्यों करवाते हैं। मुम्बई जाइए वहाँ सबसे अच्छे सर्जन हैं डॉ. प्रधान। जब हमारे यहाँ कोई ख़ास गम्भीर केस आता है, हम उनकी सलाह लेते हैं। वे ब्रीचकैन्डी हॉस्पिटल में काम करते हैं।'

'उसी शाम हम वापस आ गये। डॉ. प्रधान से सम्पर्क किया और उन्होंने मेरा ऑपरेशन किया। मेरे सामने यह समस्या थी कि मैंने चुनाव का पर्चा दाख़िल कर दिया था और अब चुनाव प्रचार में लगना था। ऑपरेशन के अगले ही दिन मैंने हॉस्पिटल से छुट्टी पायी और चुनाव अभियान में लग गया। यह सन् 2004 का वर्ष था; हम चुनाव जीते, हमें सरकार बनाने का मौक़ा मिला और सरकार में ख़ूब काम किया। मैंने देखा है कि जब किसी को कैंसर होता है तो उसकी और उसके परिवार की मानसिकता में बड़ा बदलाव आ जाता है। सब लोग चिन्ताग्रस्त रहते हैं। तो मैंने सोचा इस रोग से लड़ना-भिड़ना पड़ेगा। जब मेरा ऑपरेशन हुआ एक नौजवान डॉक्टर ने मुझसे कहा, सर, अब आप बस छह महीने के मेहमान हैं समझो।'

मैंने उससे पूछा, 'तुम कितने साल के हो?'

'अट्ठाईस साल,' उसने बताया।

मैंने कहा, 'चिन्ता मत करो, तुम्हारे आख़िरी दिन मैं तुमसे यहीं मिलूँगा। उसने छह महीने की बात की थी। आज इस बात को तेरह साल हो गये।'

शरद जिस मज़े से यह पूरा वाकया सुना रहे थे उससे लग रहा था कि वे अपनी नहीं किसी और की बीमारी की बात कर रहे हैं। मेरी स्मृति में बार-बार रॉबर्ट ब्राउनिंग की कविता 'प्रोसपिस' खटखट कर रही थी जो उन पर एकदम फिट बैठती थी–इत्तेफ़ाक से मुझे पूरी कविता याद थी। मैं सुनाने लगा–

Fear death?–to feel the fog in my throat,
The mist in my face,
When the snows begin, and the blasts denote
I am nearing the place,
The power of the night, the press of the storm,
The post of the foe;
Where he stands, the Arch Fear in a visible form,
Yet the strong man must go:
For the journey is done and the summit attained,
And the barriers fall,
Though a battle's to fight ere the guerdon be gained,
The reward of it all.
I was ever a fighter, so one fight more,
The best and the last!
I would hate that death bandaged my eyes and forbore,
And bade me creep past.
No! let me taste the whole of it, fare like my peers
The heroes of old,
Bear the brunt, in a minute pay glad life's arrears
of pain, darkness and cold.
For sudden the worst turns the best to the brave,
The black minute's at end,
And the elements rage, the fiend-voices that rave,
Shall dwindle, shall blend,
Shall change, shall become first a peace out of pain,
Then a light, then thy breast,
O thou soul of my soul! I shall clasp thee again,
And with God be the rest!

शरद दत्तचित्त सुनते रहे। कुछ चिन्तन करने जैसी भंगिमा थी उनकी। मेरा मकसद उन्हें उदास करना नहीं था। मैंने विषयान्तर किया। 'अरे वाह, अभी तक आपसे क्रिकेट पर तो चर्चा हुई ही नहीं। आप लम्बे समय तक क्रिकेट से जुड़े

रहे हैं, कभी मैदान पर कभी मैदान के परे। आप बी.सी.सी.आई. के अध्यक्ष सन् 2006 से 2008 तक रहे हैं। क्रिकेट के लिए ये तूफ़ानी वर्ष थे। इंटरनेशनल क्रिकेट भी आपकी देख-रेख में पनपता रहा। यह **क्रिकेट** प्रेम शुरू से आपके अन्दर था या बाद में आपका रुझान हुआ?'

पवार मुस्कुराये–'यह सच है कि मेरी दिलचस्पी क्रिकेट में हमेशा से थी। लेकिन इससे पहले मैं ख़ालिस देसी खेलों में डूबा हुआ था। कबड्डी, खो खो और कुश्ती–तीनों मैं ख़ूब खेलता था। बाद में कबड्डी संगठन, खो खो का एशिया संगठन और कुश्ती के महाराष्ट्र संगठन का मैं अध्यक्ष बना। क्रिकेट मैं उतना खेलता नहीं था जितना टीम को खिलाने का इन्तज़ाम वगैरह करता था। खिलाड़ी मैदान पर खेलता है लेकिन हम तो मैदान के बाहर भी मैनेज करते हैं। मेरी पत्नी प्रतिभा के पिता, श्री एस. जी. शिन्दे अपने ज़माने के बेहतरीन क्रिकेट खिलाड़ी थे। उन्होंने विजय मर्चेंट, विजय हजारे जैसे खिलाड़ियों के साथ मैच खेला। उनकी मृत्यु असमय ही हो गयी। प्रतिभा और उसके भाई-बहन सब छोटे-छोटे थे। विजय मर्चेंट ने शिन्दे परिवार की सहायता के लिए एक बेनेफिट मैच रखा। उस ज़माने में रु. 5000/- का कलैक्शन हुआ। इस धनराशि से विजय मर्चेंट ने शिन्दे परिवार के बच्चों की पढ़ाई-लिखाई का खर्च निकाला। प्रतिभा के घर में सभी क्रिकेट खिलाड़ियों का आना-जाना लगा रहता। मेरी दिलचस्पी क्रिकेट खेल सँभालने में ज़्यादा थी। मुझे ऐसा लगा कि क्रिकेट को सँभालना उतना ही ज़रूरी होता है जितना खेलना। ज़रूरी नहीं कि खिलाड़ी अच्छा खेल-प्रबन्धक भी हो। सबको अपना काम करना आना चाहिए।

'बी.सी.सी.आई. का प्रमुख बन कर मैंने घरेलू और अन्तर्राष्ट्रीय क्रिकेट को ज़ोर शोर से बढ़ाया। मेरे समय में ही आई. पी. एल. की शुरुआत हुई। उसका फायदा यह हुआ कि क्रिकेट खेलने वाले खिलाड़ी को चार पैसे कमाने का मौक़ा मिला।'

'पवार साहब आई. पी. एल. में कुछ ज़्यादा ही कमाई हो गयी खिलाड़ियों की।' मैंने उन्हें कोंचा।

'हाँ, आप ठीक कह रहे हैं। थोड़ा विवाद हो गया उस समय। कुछ ग़लत मनोविज्ञान वाले लोग इसमें आ गये। लेकिन आप उसके उज्ज्वल पक्ष को देखिए। पहले पुराने रिटायर्ड क्रिकेटर को कोई पूछता नहीं था। अब आई. पी. एल. के कारण उनको टीम मैनेजर, कोच, ट्रेनर और कमेंटेटर जैसे काम मिलने शुरू हो गये। उसके साथ ही जगह-जगह हर राज्य में अच्छे स्टेडियम तेज़ी से बन गये। पुराने ज़माने में जब खिलाड़ियों की कोई कमाई नहीं होती थी, हमने नियम

बनाया कि जो खिलाड़ी 25 से ज़्यादा मैच खेले उसे रु. 35000/- महीने पेंशन मिलेगी; जिसकी उम्र 50 से ऊपर हो जाय उसे पूरी मेडिकल सुविधाएँ दी जायेंगी। आपको एक क़िस्सा बताता हूँ। बी.सी.सी.आई. के दिनों में एक बार मैं कोल्हापुर में था। डाक बंगले में टिका हुआ था। एक सुबह मेरे पास पर्ची आयी जिस पर लिखा था 'भाऊ साहब निम्बालकर।' मुझे याद आया। अरे यह वह निम्बालकर है जिन्होंने अपने क्रिकेट खेल के दिनों में 402 रन बनाये। उसके बाद लंच का समय हो गया। दूसरी टीम उनके स्कोर से घबराकर भाग गयी नहीं तो भाऊ साहब विराजमल का 406 रन का रिकॉर्ड आराम से तोड़ देते।

'तो ऐसे भाऊ साहब मुझसे मिलने को तशरीफ़ लाये थे। उस वक़्त उनकी उम्र कोई 80 साल की थी। उन्होंने मुझे बताया, 'मुझसे अब चला नहीं जाता, कुछ काम नहीं कर पाता हूँ। मेरी बहुएँ हैं जिनसे पैसा माँगने में मुझे बड़ी शर्म लगती है।' अवकाश प्राप्त खिलाड़ियों को पेंशन स्वीकृत करने में इस घटना का बड़ा योगदान था।

'साल भर बाद मैं फिर कोल्हापुर गया। सुबह सात बजे भाऊ साहब निम्बालकर मुझसे मिलने आ गये। बोले, मैं आपसे बताना चाहता हूँ कि आपने पेंशन शुरू की यह मेरे लिए बहुत अच्छा हुआ। अब मैं सुबह सात बजे ग्राउण्ड पर जम जाता हूँ। पचास एक बच्चों को इकट्ठा कर के क्रिकेट सिखाता हूँ। अब मुझे कोई फिकर नहीं है। मुझे 35000 रुपये मिलते हैं जिसमें से पाँच-दस हज़ार बहुओं को देता हूँ खर्चे के लिए।

'यह तो केवल एक मिसाल है। देश में जगह-जगह पुराने खिलाड़ियों की हालत ख़राब है। उन सब के साथ इंसाफ़ करने की मैंने कोशिश की।'

मैंने कहा, 'पवार साहब क्रिकेट के अलावा और भी तो खेल हैं?'

'बिल्कुल, ठीक। मैंने क्रिकेट के साथ-साथ तैराकी, जूडो, बॉक्सिंग, कुश्ती और तीरंदाज़ी को भी बढ़ावा दिया। इन खेलों में प्रशिक्षण के अवसर बढ़ाये और विजेताओं के लिए इनाम रखे। हमने खिलाड़ियों को अन्तर्राष्ट्रीय खेल आयोजनों में भेजा।'

'आपको तो हमारा खेल मन्त्री होना चाहिए।'

'मन्त्री होने से आप खेल के एक्सपर्ट नहीं बन जाते। इसका शौक लड़कपन में ही पैदा होता है। जब कॉलेज में बाकी लड़के कक्षा में बैठकर पढ़ते, मैं कक्षा के बाहर होने वाले खेल-तमाशे में शामिल हो जाता। हमारे घर में सब लोग दूध पीते थे, चाय बुरी चीज़ समझी जाती थी। मुझे दूध अच्छा नहीं लगता था। मैं सुबह सात बजे से पहले उठकर बाहर चला जाता। गाँव के अखाड़े में कुश्ती में

चार-छः दाँव आजमाता; कभी खो खो के खेल में लग जाता।'

मैंने टोका, 'हमारी तरफ़ तो लड़कियाँ खेलती हैं खो खो।'

पवार हँसे, 'खेल में जेंडर नहीं माना जाता। हमारे गाँव में लड़के-लड़की मिलकर खो खो खेलते थे।'

'आपने लड़कियों के खेलकूद के लिए कुछ किया?' मेरा सवाल था।

'बिल्कुल किया। कॉलेज और राज्य स्तर पर उन्हें खेल के लिए मैदान, वजीफ़े और कोच की सुविधाएँ उपलब्ध करवायीं। हमने कभी भी लड़कियों को सेकेंड क्लास ट्रीटमेंट नहीं दिया। हम कतई यह नहीं मानते कि ज़िम्मेदारियों का निर्वाह करने में पुरुष ही सक्षम हैं। आप एक बार लड़कियों को, स्त्री को ज़िम्मेदारी देकर तो देखें, वो अपनी ज़िम्मेदारी भली-भाँति समझती हैं। आप पूछ कर देखिए किसी से कि पं. जवाहरलाल नेहरू के बाद इस देश को मज़बूत बनाने वाले दूसरे प्रधानमन्त्री कौन हुए। गाँव का एक अनपढ़ किसान भी आपको बता देगा कि इन्दिरा गाँधी। तो एक स्त्री होकर जब इन्दिरा गाँधी पूरा देश चला सकती हैं तो हमारे घर की लड़कियाँ हमारा परिवार क्यों नहीं चला सकतीं? हमारा नाम, हमारा वंश क्यों नहीं चला सकतीं?

'तो एक तो यह आबादी की समस्या, दूसरे लोगों के मन में बैठी धारणा को बदलना—यह कैसे हो सकेगा? यह तब होगा जब जो लोग जनता के सामने होते हैं, वे खुद अपने जीवन में यह सब करके दिखाएँ। वे आम लोगों के लिए मिसाल बनें।

'अब जब महिला आरक्षण की बयार पूरे देश में चल पड़ी है तो इस सन्दर्भ में मैं आपको याद दिलाऊँ कि जब महाराष्ट्र की हुकूमत मेरे हाथ में थी, सन् 84-85 में हमने एक क़ानून बनाया। पंचायत समिति, जिला परिषद्, नगरपालिका, म्युनिसिपल कॉर्पोरेशन आदि में महिला आरक्षण रखा। यही नहीं, जितनी भी सरकारी नौकरियाँ थीं, उनमें भी महिलाओं के लिए अलग से रिज़र्वेशन किया। इसके साथ एक और निर्णय लिया कि सरकार की तरफ़ से किसी भी परिवार को जो बेनेफिट देते हैं, ज़मीन का पट्टा देते हैं या हाउसिंग बोर्ड मकान का अलॉटमेंट देते हैं, प्लॉट देते हैं घर बनाने के लिए—यानी इस तरह की जितनी भी योजनाएँ हैं तो वे अकेले मर्दों के नाम पर नहीं हों। पति-पत्नी दोनों के नाम पर हो। तो इस तरह हमारी सामाजिक संरचना में स्त्रियों के सिर पर जो एक अनिश्चितता की तलवार लटकी रहती है हमेशा, कि कल को यदि उसके पति ने उसे छोड़ दिया, तलाक दे दिया तो वह कहाँ जाएगी, क्या करेगी आदि, वह तलवार हटी। अब अपने घर की पचास फ़ीसद मिल्कियत उसके पास भी थी।

यही नहीं, हमने यह भी किया कि दर्ज़ा बारहवीं तक हर लड़की की शिक्षा मुफ्त में हो, इसकी समुचित व्यवस्था की।

'देखिए, मेरा निजी तौर पर यह विश्वास है कि किसी भी देश में जब आधी आबादी को विकास के पथ पर साथ-साथ चलने के लिए नहीं लिया जायेगा तो उस देश का विकास कतई नहीं हो सकता। पश्चिमी देशों के विकास का यही कारण है कि वहाँ महिलाएँ भी पुरुषों के साथ क़दम मिलाकर चलती हैं। दूसरी तरफ़ देखिए कि भारत हो, पाकिस्तान, श्रीलंका, बांग्लादेश हो या नेपाल; भूटान को भी ले लीजिए, यहाँ महिलाएँ एक सीमा के आगे साथ नहीं हैं। तो हमें इस माहौल को बदलना होगा। आरक्षण महिला सशक्तीकरण के कई विकल्पों में से एक है।'

'वापस क्रिकेट पर आएँ तो आपको कौन से क्रिकेट खिलाड़ी पसन्द हैं?'

'यह कहना मुश्किल है। अभी कहना मुश्किल है क्योंकि इतने अच्छे खिलाड़ी हैं। जो आप नयी पीढ़ी के पूछते हैं कि कौन आदर्श हमारे सामने रखें तो मुझे लगता है कि अनिल कुम्बले, द्रविड़, सचिन तेन्दुलकर—ये तीन खिलाड़ी ऐसे हैं कि गेम के प्रति बहुत कमिटेड। वो गेम खेलने के लिए दुनिया में कहीं भी गये तो हमेशा भारत की इज़्ज़त बढ़ी। वो देश के एम्बेसडर के नाते बाहर काम करते थे। खेल तो उनका अच्छा था ही, उसमें कोई दो राय नहीं है। तीनों ने अपने-अपने फील्ड में नाम किया है। अनिल कुम्बले बॉलर थे, राहुल द्रविड़ बैट्समैन थे, सचिन भी बैट्समैन थे। इन्होंने रिकॉर्ड कायम किये हैं। इंटरनेशनल रिकॉर्ड कायम किये हैं, उसमें कोई दो राय नहीं। मुझे याद है जब राहुल द्रविड़ कैप्टन थे और इंडियन टीम थी इंग्लैंड में, तब मैं बी.सी.सी. आई. का प्रेसिडेंट था। उसी दौरान मैं भी इंग्लैंड गया। एक दिन छुट्टी थी गेम की, तो राहुल द्रविड़ मिलने के लिए आये। इधर-उधर की बातें कीं, फिर उसने पूछा कि आपको ठीक नहीं लगेगा पर मैं यहाँ आपको मिलने के लिए इसलिए आया हूँ कि आप मेरी कैप्टनशिप से छुट्टी करो। मैंने पूछा, 'क्यों?' उसने बोला कि मेरे खेल पर असर पड़ता है। मैं खेलूँगा मगर मुझे कैप्टनशिप से खाली करो। मैंने बोला, 'इंग्लैंड में हमारी सीरिज चालू है, इसके बाद हमें साउथ अफ्रीका जाना है। 20-20 वर्ल्ड कप है तीन महीने के बाद, अभी हम कैसे कैप्टन बदलें?' 'नहीं सर, मैं अच्छा खेल नहीं सकता कैप्टनशिप की वजह से। आप कुछ भी करिए।' मैंने बोला, 'अभी किस को रखूँ मैं?' उसने कहा, 'सचिन तेन्दुलकर को।'

'हमने सचिन को पूछा। उन्होंने कहा कि 'मैं एक बार कैप्टन था। मैंने

कैप्टनशिप छोड़ी। कैप्टन रहूँगा तो मेरा खेल ख़राब होता है, मेरा ध्यान गेम पर नहीं रहता, मुझे टेंशन होता है, मैं बिल्कुल नहीं रहूँगा।' मैंने कहा कि 'सचिन, तू नहीं रहेगा, राहुल नहीं रहेगा तो मैं क्या करूँ?' फिर सचिन ने कहा कि शायद आपको ठीक नहीं लगेगा पर आपको एक नाम देते हैं तो उन्होंने कहा कि 'धोनी।' मैंने कहा, 'वो झारखण्ड का लड़का विकेटकीपर है। उसे एकदम से कैप्टन कैसे बना दूँ।' तो सचिन ने कहा क्रि 'वो बहुत समझदार है। जीते तो भी उसके दिमाग़ को कोई असर नहीं होता, हारे तो भी उसके दिमाग़ को कोई असर नहीं होता। फिर वो मज़बूती से खेलने के लिए तैयार होता है। हम दोनों आपको कहते हैं कि देश को खुशी होगी कि भारत को इतना अच्छा कैप्टन मिला। झारखण्ड से आता है, छोटी जगह से आता है, पर यह बात मन में मत रखिये, उसको मौक़ा दीजिए।' तब सिलेक्शन बोर्ड का चेयरमेन दिलीप और मैंने कहा कि मीटिंग बुलाइए और धोनी को कैप्टन बनाया। आज तक हम देखते हैं कि देश को जो अच्छे कैप्टन मिले, उनमें धोनी का नाम नम्बर 1 पर है, मुझे सबसे बड़ी खुशी ये है कि सचिन तेन्दुलकर और राहुल द्रविड़ को कैप्टन बनने का मौक़ा था वो उन्होंने लिया नहीं। उन्होंने देश की बात सोची और यह कि जो अच्छा देश के लिए होगा। मेरा नाम छोड़कर उसको मौक़ा दे दो। ये बात उन्होंने कही थी। खिलाड़ी का एक कैरेक्टर होता है। इसीलिए दो-तीन खिलाड़ी जो मैंने कहा, जब मुझसे यंग क्रिकेटर पूछते हैं कि हम किसको आदर्श मानें तो मैं इन तीन क्रिकेटरों का नाम लेता हूँ।'

हमारी बातचीत जारी रही।

'संगीत आपकी कमज़ोरी है। आपकी और कौन-सी कमज़ोरियाँ हैं?'

'संगीत मुझे शान्ति और शक्ति देता है, कमज़ोरी नहीं। मुझे क्लासिकल संगीत पसन्द है, भीमसेन जोशी, राजन साजन मिश्र, किशोरी अमोनकर, इन्हें सुनकर खुशी मिलती है। महाराष्ट्र में क्लासिकल म्यूज़िक हर जगह पर है। हमारे राज्य में संगीत की प्राचीन परम्परा है। आप देखिये गणेशोत्सव में जगह-जगह संगीत सभा होती है। इस फेस्टिवल की शुरुआत लोकमान्य तिलक जी ने की थी। स्वतन्त्रता संग्राम में वे भारतीय लोगों को एक जगह इकट्ठा करके विदेशियों के खिलाफ़ आज़ादी का सन्देश देना चाहते थे। उनको पता था कि गणेश जी की घर-घर आस्था और स्थापना थी। उनके नाम पर इसलिए यह उत्सव शुरू हुआ। इसमें संगीत के साथ थिएटर और वैचारिक व्याख्यान को भी जगह मिली। वे इसमें खाली रिलीजियस (धार्मिक) एंगिल नहीं रखना चाहते थे। इस आयोजन से वे समाज में स्वाधीनता की चेतना लाना चाहते थे। एक

दूसरा काम उन्होंने शुरू किया—छत्रपति शिवाजी महाराज का जन्मदिन मनाना। शिवाजी ने बड़ा काम किया था कि लोगों को मुग़लों के खिलाफ़ संगठित किया। उस समय तिलक और आगरकर समाज के बड़े नेता थे। आगरकर कहते थे पहले सोशल रिफॉर्म पर काम करो, आज़ादी बाद में आती रहेगी। तिलक का कहना था कि आज़ादी पहले लेनी चाहिए। एक बार देश आज़ाद हो जाय तो सोशल रिफॉर्म पर हम सब काम करते रहेंगे। तिलक ने आज़ादी के लिए गणेशोत्सव शुरू किया जो अभी तक ज़ोर-शोर से चल रहा है। आप नवी मुम्बई का गणेशोत्सव देखिए, वहाँ आपको कल्चरल प्रोग्राम के साथ कोई सामाजिक सन्देश भी मिलेगा।'

'मुम्बई का हाल बदलता जा रहा है। पिछले दिनों शिवसेना का उत्पात हुआ तो आपने स्टेटमेंट दिया था कि कुर्सी नहीं छोड़ेंगे और कुर्सी से चिपके रहेंगे तो यही होगा। मुम्बई में कांग्रेस, बी. जे. पी. और शिवसेना तीन हैं। हुकूमत में भी 40% हिस्सेदार है शिवसेना। अगर ये सब आपस में मतभेद रखेंगे तो जनता का काम कौन करेगा। आप तो ख़ुद मुख्यमन्त्री रहे हैं महाराष्ट्र के इतने वर्षों तक। आपके समय में हमने शिवसेना को इतना बेक़ाबू होते नहीं देखा?

'अधिकार मिल जाना एक बात होती है, उसे सँभाल कर चलना दूसरी बात। लोकतन्त्र में सबको बोलने का अधिकार है यह हर पार्टी को समझना चाहिए।'

'शरद जी ख़ुद आपको भी आरोपों का सामना करना पड़ा है। आपके कार्यकाल में प्याज यानी कांदा का दाम दस रुपये भी बढ़ता तो आपकी आलोचना शुरू हो जाती थी। बाद में अस्सी रुपये से एक सौ बीस रुपये किलो भी प्याज बिकी, तब लोग चुप बैठे रहे। क्या इसका मतलब है कि लोगों में ग़लत बातों के लिए टॉलरेंस यानी सहनशक्ति बढ़ गयी है?'

'हमारे समय में थी। जिस साल अच्छी पैदावार हुई कांग्रेस कहती, हमारी वजह से अच्छी हुई। मैं कृषि मन्त्री था। जब पैदावार ख़राब हो जाती, सब मुझे निशाना बनाते कि कृषि मन्त्री के होते हुए भी फ़सल ख़राब हुई। लेकिन यह भी सच है कि तब सुधार का काम बहुत हुआ। भारत चावल का सबसे बड़ा निर्यातक बन गया, गेहूँ और कपास का दूसरा बड़ा निर्यातक। ये सब किसानों ने किया। दूध के उत्पादन में भी हम आगे हैं। किसानों को सही दिशा निर्देश मिले, क़ीमत मिले और मित्रवत व्यवहार तो वे बहुत कुछ कर सकते हैं। अभी दाल और तेल में हम पीछे हैं। बाक़ी चीज़ों में हम कामयाब हैं।'

'लेकिन इस बीच आम आदमी का जीवन बहुत कठिन हुआ है।'

'यह सच है कि जनता का जीवन अब आसान नहीं है। क़ीमतें बहुत ऊपर

गयी हैं। क़ीमतें रोकने के लिए जो क़दम उठाने चाहिए थे वे नहीं उठाये गये।

'अब देखिए जो यह महँगाई का मुद्दा है, तो हमारे देश में 62% लोग खेती करते हैं। मेरी यह धारणा है कि जब तक हम इस 62% जनता की स्थिति में बदलाव नहीं लाएँगे तब तक यह देश आगे नहीं जायेगा। आप चाहे जितने उद्योग लगा लें, व्यापार विकसित कर लें, लेकिन नतीजा कुछ ख़ास बेहतर नहीं हो सकता। जो टोटल कंज्यूमर नेटवर्क है इण्डस्ट्री और ट्रेड का, उनमें आप कुल आबादी के 62% लोगों को दूर रखकर कैसे तरक्की कर सकते हैं? और अगर इस 62% जनता की क्रयशक्ति बढ़ जाये तो तरक्की निश्चित है। ओवरऑल देश की इकोनॉमी में भी बदलाव आयेगा। इसके लिए ज़रूरी है कि किसानों को पैदावार की समुचित क़ीमत मिले और अगर वह क़ीमत जो 540 रुपये थी, हमने ग्यारह सौ रुपये की। धान की क़ीमत 490 रुपये थी, हमने बढ़ाकर हज़ार रुपये की। इससे क्या होता है कि किसानों को उनकी मेहनत का उचित मूल्य मिलने लगा और वह प्रेरित हुआ कि अपना उत्पादन बढ़ाये। दो साल पहले हमने गेहूँ आयात किया था और आज मेरे पास सबसे बड़ी समस्या है कि मुझे भण्डार की कमी है। अनाज का उत्पादन इस क़दर बढ़ गया है। देखिये किसी भी देश द्वारा उसकी जनता को दिया जाने वाला सबसे बड़ा उपहार है अन्न सुरक्षा, यानी फूड सेक्योरिटी। आज किसानों को फूड सेक्योरिटी है। आम लोगों को दो पैसे ज़्यादा देने पड़ सकते हैं लेकिन यह पक्के तौर पर तय है कि उसको अनाज मिलेगा। तो यह जो क़दम उठाया, इसका जो दूसरा हिस्सा है कि दो पैसे ज़्यादा देने पड़ सकते हैं, इससे कोई-न-कोई वर्ग तो नाराज़ होगा। जिसे हम मध्यवर्ग कहते हैं, वह कोकाकोला बढ़ती क़ीमतों में ले सकता है लेकिन दूध की क़ीमत पचास पैसे लीटर बढ़ जाय तो शोर मचा देगा। दो सौ-ढाई सौ की टिकट लेकर मल्टीप्लेक्स में सिनेमा देख लेगा मगर गेहूँ की क़ीमत छह रुपये से सात रुपये प्रति किलो हो जाए तो अनर्थ है। कुल मिलाकर एक इतने बड़े देश की इतनी बड़ी आबादी को अगर फूड सेक्योरिटी देनी है तो हमें कृषि उत्पादन बढ़ाना पड़ेगा और कृषि उत्पादन बढ़ाने के लिए किसानों को उचित मूल्य देना पड़ेगा। किसान हमेशा पिछड़ा रहे, विकास से बाहर रहे, यह ठीक नहीं है। और यह निर्णय सिर्फ़ मेरा नहीं, कलेक्टिव डिसिजन है। थोड़ी-बहुत नाराज़गी हो लेकिन आपका निर्णय अगर आम लोगों के पक्ष में है तो ठीक है।

'राष्ट्रपति जी ने एक बार कहा कि मैं एक्सपेक्ट करता था कि पवार साहब मुझे कहेंगे कि मुझे रक्षा मन्त्रालय दे दो, गृह मन्त्रालय दे दो, फाइनेंस मिनिस्ट्री दे दो। पहले डिफेन्स मिनिस्टर थे, मगर उन्होंने एग्रीकल्चर माँगा तो मुझे ताज्जुब

लगा। बाद में उन्होंने और एक बहुत अच्छी बात कही दिल्ली में एक फंक्शन में। मुझे याद है कि जब वो खुद यहाँ संसद में नये आये थे और तब संसद के सामने भारत के और महाराष्ट्र के एक सुपुत्र फाइनेंशियल बजट रखते थे। तो बजट रखते समय उन्होंने आख़िरी पैराग्राफ़ में कहा कि मुझे दुःख होता है कि मुझे कठोर नीतियाँ अमल करने की आवश्यकता पड़ रही है क्योंकि देश की आर्थिक स्थिति संकट में है और इसमें सबसे बड़ा संकट ये है कि अनाज की परिस्थिति अच्छी नहीं है। जंब खेती की पैदावारी अच्छी होती थी तो मेरे ऊपर यह नौबत नहीं आती थी, ये उनका कहना था। प्रणव मुखर्जी ने कहा और वो मुझे कहते थे कि मैं भी पार्लियामेंट में नया था और हमें दुःख होता था कि भारत के फाइनेंस मिनिस्टर दुनिया में कटोरा लेकर जाते थे कि कुछ न कुछ अनाज हमें दीजिए। ये स्थिति हमारे ऊपर आयी थी। आज उसी महाराष्ट्र का दूसरा सुपुत्र है, दो डिकेड के बाद जिन्होंने देश की ये ज़िम्मेदारी अपने कन्धे पर ली और इस क्षेत्र में देश का नक्शा बदला। आज ये देश भारत अपनी अनाज की समस्या हल करता है और दुनिया के कई देशों को अनाज देता है। कटोरा ले कर जाने की स्थिति ख़त्म हो गयी और दूसरे को मदद करने की ताक़त हमारे हाथ में आयी। ये बदलाव मुझे बहुत खुशी देता है। ये दोनों ही स्थितियाँ मैंने अपने सामने देखी हैं।'

'कुछ साल पहले रिकॉर्ड प्रोडक्शन था।'

'देश के इतिहास में इतना प्रोडक्शन पहले कभी नहीं हुआ था। 167 मिलियन टन।'

'पिछला चुनाव इस वादे पर लड़ा गया था कि अच्छे दिन आयेंगे। आपको क्या लगता है कि अच्छे दिन आ गये?'

'मुझे लगता नहीं, क्योंकि कई इश्यूज हैं। आज कल मोबाइल पर मैसेज भेजते हैं और लोगों का रिएक्शन जल्दी आता है। आज का रिएक्शन है कि नीतीश कुमार ने कहा, 'छोड़िये अच्छे दिन, हमारे बुरे दिन हमें दे दीजिए।' '

बहुविध प्रतिभा के धनी हैं पवार। शिक्षा, खेती, टेक्नॉलॉजी, वित्त-प्रबन्धन, किसी भी क्षेत्र में उन्हें लगा दिया जाय, वे अपना सर्वोत्तम करते हैं। किन्तु राजनीति वह कोठरी है जो ज़्यादा बुद्धि कौशल का इस्तेमाल गवारा नहीं करती। वहाँ सबको एवरेज बनकर रहना पड़ता है। कभी आपके आका कुंठित होते हैं कभी समय लुंठित होता है। प्रतिभाशाली नेता अपवाद भी समझा जाता है।

मुझे जानने की इच्छा हुई—'शरद जी, क्या आप कभी चुनाव हारे भी हैं?'

'सरकार में मुझे कई साल कई रूपों में काम करने का मौक़ा मिला है।

आज वर्ष 2017 में मुझे लगता है कि संसदीय राजनीति में आये हुए 50 वर्ष हो जायेंगे और यह बिना एक दिन के भी ब्रेक के। मुसलसल पचास साल। और इनमें से मुझे लगता है कि बीस साल से ज़्यादा मैं गवर्नमेंट में रहा। समाज की जो प्रचलित धारणाएँ हैं, कई बार मैंने इनसे बहुत दूर छिटककर भी निर्णय लिए। इस वजह से मेरे कई निर्णय काफ़ी विवादास्पद रहे। जहाँ मुझे लगता है कि यह राष्ट्रीय हित का, समाज के हित का मुद्दा है, वहाँ मैं विरोध की परवाह किये बिना निर्णय ले लेता हूँ। एक उदाहरण देता हूँ कि जब मैं महाराष्ट्र का मुख्यमन्त्री हुआ करता था, एक दिन हमने एक क़ानून में संशोधन करने का तय किया। यह कि पिता के बाद जब उनकी सम्पत्ति का बँटवारा होता है, तो उसमें सिर्फ़ बेटों का ही हिस्सा न होकर, बेटियों का भी बराबर का हिस्सा हो। जब तक हम सम्पत्ति का अधिकार महिलाओं को न देंगे तब तक उनका सही मायने में सशक्तीकरण कभी नहीं हो सकता। आर्थिक सशक्तीकरण सबसे बड़ा सशक्तीकरण होता है। तो जब हम इस संशोधन का प्रस्ताव लेकर आये तो इसका व्यापक विरोध हुआ। न सिर्फ़ विपक्षी, बल्कि खुद मेरी भी पार्टी के लोगों ने इसका विरोध किया। आखिरकार यह क़ानून पास हुआ लेकिन यह बहुत ही विवादास्पद निर्णय था। मुझे याद है कि वर्ष 1995 के चुनाव में पहली बार हम हारे। फिर मैं इस हार की तह में गया कि ऐसा क्यों हुआ। दो-तीन क़दम हमने उठाये थे। जैसे कि महाराष्ट्र में ऐसे कई विश्वविद्यालय हैं जो महापुरुषों के नाम पर थे। शिवाजी, महात्मा ज्योतिबा फुले के नाम पर, एक शिक्षाविद् थे कर्वे, उनके भी नाम पर एक विश्वविद्यालय है। फिर जब मैंने चाहा कि एक विश्वविद्यालय बाबा साहब अम्बेडकर के नाम पर हो, तो काफ़ी बखेड़ा हुआ। दलितों के मकान जलाये गये, आग लगा दी गयी, हत्याएँ तक हुईं, नतीज़तन आगामी ग्यारह सालों तक वह निर्णय ठंडे बस्ते में चला गया। बाद में मैंने किया लोगों को विश्वास में लेकर, और आज यह विश्वविद्यालय औरंगाबाद में है। सुचारु रूप से चल रहा है। लेकिन लोगों की भड़ास मुझ पर तो किसी-न-किसी रूप में निकलनी ही थी, सो वह वर्ष 95 में निकली।

'हमारी हार का एक और भी कारण था। महाराष्ट्र में एक सिस्टम है कि गाँव में दो प्रधान होते हैं। एक तो जो गाँव के बीच से चुने जाते हैं और एक को सरकार अप्वाइंट करती है। सरकार द्वारा अप्वाइंटेड प्रमुख को पाटिल कहते हैं जिसका काम होता है कि जब कभी गाँव में कलक्टर का दौरा हो, तहसीलदार आये तो उसका स्वागत करना, रिपोर्ट करना आदि। तो पहले से जितने पाटिल होते थे अब तक ज़्यादातर वो गाँव के शक्तिशाली वर्ग से

आते थे। मैंने इसमें बदलाव किया। बदलाव ये किया कि मैंने इसमें आरक्षण शुरू कर दिया। इस तरह दलितों को जगह मिली। गाँव के प्रधान के पद में भी ओबीसी, बैकवर्ड, एससी, एसटी को आरक्षण दिया। मगर यह लोगों को पसन्द नहीं आया। 95 में मिली हार के बाद जब हमने सर्वे किया कई गाँवों का, कई गाँवों में मैंने खुद जाकर लोगों से पूछा तो उन्होंने कहा कि आरक्षण देकर आप यह क्या गड़बड़ी कर रहे हैं? पचास साल से हमारे घर में पाटिल है और अब हमने एक दलित लड़के को पाटिल बना दिया? हमारी इज़्ज़त क्या रही? आपने एक नाई को ग्राम प्रधान बना दिया, हमारी क्या इज़्ज़त रही? तो इस तरह से सामाजिक संरचना में मैंने जो आमूलचूल बदलाव लाना चाहा था, वह एक बृहत्तर वर्ग को रास नहीं आया। आज तो बहुत बदलाव आ गया है, लेकिन तब की बातें हैं ये सब। कुल मिलाकर यह कि शरद पवार और विवाद दोनों सहोदर हैं।'

'क्या यह सच है कि आपने बहुत पहले महाराष्ट्र में रोज़गार योजना लागू कर दी थी?'

'यह सच है कि एम्प्लायमेंट गारंटी स्कीम हिन्दुस्तान में सबसे पहले महाराष्ट्र में शुरू हुई। एक स्वतन्त्रता सेनानी थे जिनका नाम था वी. एस. पागे। एक और स्वतन्त्रता सेनानी और बुद्धिजीवी थे लक्ष्मण शास्त्री जोशी। तो इस सन्दर्भ में कई जो छोटे-छोटे काम हुए उनमें नींव की ईंट थे ये लोग। एम्प्लायमेंट गारंटी स्कीम की परिकल्पना पागे साहब ने तैयार की। फिर इस परिकल्पना को हमारी पार्टी ने एडॉप्ट किया। वर्ष 1978 में जब मैं पहली बार महाराष्ट्र का मुख्यमन्त्री बना, तब हमने इसे क़ानून के रूप में लागू करने की सोची। अगर तत्काल सरकार किसी मज़दूर को रोज़गार मुहैया नहीं करती, तो वह उसे एक राशि कम्पेंशेसन के तौर पर दे। तब सन् 78 में, मुझे जहाँ तक याद पड़ता है, हम प्रति व्यक्ति प्रति दिन एक या दो रुपये देते थे। तब सस्ते का ज़माना था। यानी वर्ष 78 में यह क़ानून बना कि समाज के सबसे निचले तबके में बैठे आदमी को भी काम करने का अधिकार मिलना चाहिए। और यह तय है कि जब तक हम क़ानून का सहारा नहीं लेंगे तब तक एक ख़ूबसूरत सपना, सपना ही रहेगा। और हमें खुशी है कि आज यह राष्ट्रीय स्तर पर हो रहा है। अभी नरेगा का नाम बदल गया है, अब यह महात्मा गाँधी नेशनल एम्प्लायमेंट गारंटी स्कीम हो गया है। और आज भारत सरकार इसको तीस-पैंतीस हज़ार करोड़ रुपये देने की सोच रही है। तो यह एक अच्छी बात हुई कि इससे एक ग़रीब आदमी को भी मेहनत करने का अधिकार मिलेगा।'

'एक बार मैंने आपसे आपके जन्मदिन 12 दिसम्बर पर कहा था कि 'जीवेम् शरदः शतम्' यह वेदों के ऋषियों ने आपको सोच कर कहा होगा...यह नहीं लिखा कि तुम 100 ग्रीष्म जिओ...यह लिखा कि सौ शरद जिओ।'

'एक दिन आपको याद होगा मेरी जब सर्जरी हुई थी तो वाजपेयी थे मुम्बई में।

'मेरे साठवें जन्मदिन के अवसर पर वाजपेयी जी ने मुम्बई में उस उत्सव में कहा, मुझे बहुत ख़ुशी इस बात की है कि शरद इतने भाग्यवान हैं, प्रतिभा सम्पन्न हैं...

'इस किताब का नाम 'प्रतिभा के धनी पवार' होना चाहिए।'

'क्या ऐसा कोई काम है जो आप करना चाहते थे नहीं कर पाये?'

'ऐसी कोई ख़ास बात तो नहीं है पर एक उदाहरण देता हूँ—जब बाबा साहब अम्बेडकर का नाम औरंगाबाद की यूनिवर्सिटी को देने का डिसीजन लिया तो यूनिवर्सिटी की एकेडेमिक काउंसिल ने कन्फर्म किया। जब सरकार के पास भेजा तो उसके बाद मीटिंग बुलाई गयी। सभी ने कहा कि बाबा साहब के नाम पर कोई दिक़्क़त नहीं हैं। वहाँ ऐसा ही होता है। हमने वो स्वीकार किया और घोषणा कर दी। पूरे मराठवाडा में आग लगी दलितों के घरों पर। सबने कहा कि हम नहीं बदलना चाहते। वहाँ के लोगों का कहना था कि मराठवाडा हमारी आत्मा है। हमारा इन्वोल्वमेंट है, इमोशन है। आप मराठवाडा का नाम छोड़कर अम्बेडकर जी का नाम नहीं रख सकते। मुझे बड़ा दुःख था कि किसी एक जगह पर यूनिवर्सिटी का नाम तीरथ विद्यापीठ हो गया; पुणे में शिवाजी विद्यापीठ हो गया; कोल्हापुर में महात्मा फुले यूनिवर्सिटी हो गया; एग्रीकल्चर यूनिवर्सिटी में डॉ. पंजाब राव देशमुख यूनिवर्सिटी हुआ। यानी इन सभी के नाम पर यूनिवर्सिटी हुई थी, तब किसी ने शिकायत नहीं की। डॉ. बाबासाहेब अम्बेडकर का नाम आने के बाद लोगों ने शिकायत की, दलितों पर हमले किये, घर जलाये, एक-दो लोगों की हत्या भी हो गयी। यह मुझे बिल्कुल पसन्द नहीं था। मैं मतलब दुःखी था कि भाई ये लोगों को मैं कन्विंस नहीं कर सकूँ, यह बहुत बुरी बात है। फिर 10 साल मैं कुछ कर नहीं सका। फिर सेकेंड टाइम मैं जब मिनिस्टर बना तब मैंने गाँव-गाँव जाकर नौजवानों को साथ लेकर, गाँव के जो प्रधान थे उनको विश्वास में लेकर, कॉलेजों में जाकर स्टूडेंटों को विश्वास में लेकर और मेरे साथ प्रमुख समाजवादी नेता एस. एम. जोशी थे। बड़े ऑनेस्ट आदमी थे, उन्होंने मुझे बहुत सपोर्ट किया, हमने लोगों को कन्विंस करके फिर यूनियन यूनिवर्सिटी नाम देने का डिसीजन किया। लोगों ने इसका स्वागत किया और स्वीकार किया। जब नाम दिया तो वहाँ के जो लोग दलितों के मकान जलाते थे। लोगों ने दलितों को

मद्देनज़र रखते हुए उनका स्वागत किया तो यह शुरू कर नहीं सका उसका दुःख था, दिल को चोट लगी थी क्योंकि अम्बेडकर जी के नाम पर विरोध होता था।'

'मैंने सुना है कि आप अनीश्वरवादी हैं! आप अपनी शक्ति कहाँ से प्राप्त करते हैं?'

'भारत जैसे देश में अधिकांश जनता ईश्वर को मानती है। मुख्य रूप से न मैं इस जनता के बीच से हूँ और न मैं इसके विरोध में ही हूँ। सबकी अपनी-अपनी आस्थाएँ हैं, क़द्र करनी चाहिए। लेकिन व्यक्तिगत रूप से मैं ज़रा वैज्ञानिक एप्रोच रखने वाला इंसान हूँ। कहें कि मेरी सोच का निर्माण साइंस एण्ड टेक्नोलॉजी की नींव पर विकसित हुआ है। अगर कोई तीसरी शक्ति मुझे बताये कि मुझे यहाँ नहीं बैठना चाहिए, यह उचित मुहूर्त नहीं है, राहू अथवा शनि की दशा चल रही है, तो मैं यह सब नहीं मानता। हाँ, लेकिन जो लोग यह सब मानते हैं, उनकी आलोचना करने का भी मुझे कोई अधिकार नहीं। ईश्वर से मिलने के लिए, ईश्वर से साक्षात्कार करने के लिए किसी मन्दिर में जाना मैं अनिवार्य नहीं समझता। मैं समझता हूँ कि मैं जो लोगों के बीच जाता हूँ, उनकी समस्याएँ दूर करने की कोशिश करता हूँ यही मेरी पूजा है। ईश्वर को देखना हो तो आम आदमी में देखिये। हाँ, लेकिन इसका यह भी अर्थ न निकाला जाय कि मन्दिर में क़दम रखने से मुझे एलर्जी है। कभी किसी गाँव में गया और वहाँ के लोगों ने कहा कि साहब यह हमारे गाँव का सबसे बड़ा मन्दिर है, चलकर ज़रा देखिए, तो मैं जाकर देख आता हूँ। गाँव वालों के लिए एक तरह की भावना है, सो चला जाता हूँ।

'मुझे याद पड़ता है अपने शासन काल में मैंने एक योजना बनायी थी। तब पचीस करोड़ रुपये हम प्रति वर्ष बजट में रखते थे कि मन्दिरों के आसपास साफ़-सफ़ाई, पेयजल की व्यवस्था, पेड़-पौधे तथा अन्य रख-रखाव आदि हो। इसके पीछे कारण यह था कि जब आम जनता मन्दिरों का रुख़ करती है तो मन की शान्ति के लिए। और इसके लिए वहाँ के वातावरण का साफ़-स्वच्छ होना ज़रूरी है। उदाहरण के लिए मुम्बई में जो सिद्धि-विनायक मन्दिर है, वह कभी दस बाई दस या ज़्यादा बीस बाई बीस की कोठरी भर था। मगर हमने वहाँ समर्पित लोग अप्वाइंट किये, छह करोड़ रुपये लगाकर उस मन्दिर का पुनर्निर्माण किया।

'मैं यह मानता हूँ कि मन्दिर में जो भी धन आये उसका उपयोग आम जनता की भलाई के लिए होना चाहिए जैसे—शिक्षा, चिकित्सा और भोजन। आजकल धर्म को भी लोग अपना रोज़गार बना रहे हैं। यह मुझे ठीक नहीं लगता।

'देखिए, कोंकण में समुद्र के किनारे गणेश जी का मन्दिर है, आज वह मेजर विज़िटिंग एण्ड टूरिस्ट प्लेस हो गया है। फिर साईं बाबा का ट्रस्ट। इन मन्दिरों में चढ़ावे के रूप में जो पैसे आते हैं, उसका ट्रस्ट बनाकर उसके बेहतर उपयोग को सुनिश्चित किया जाना चाहिए। इन ट्रस्ट्स के लिए कुछ ऐसे गाइडलाइन बनाएँ कि उन पैसों का एक हिस्सा शिक्षा, स्वास्थ्य आदि के मद में खर्च हो।'

शरद से अन्तरंग बातचीत

राजनीतिक, राष्ट्रीय और नीतिगत सवाल तो शरद से बहुत हो गये, अब बारी थी कुछ निजी सवालों की। मन में किंचित संकोच भी था किन्तु उनकी बेबाक बयानी ने यह झिझक दूर कर दी।

'पवार साहब आप जब सत्ता में होते हैं तब बहुत व्यस्त रहते हैं किन्तु सत्ता के बाहर रहते हुए भी आप लोगों से घिरे रहते हैं। आजकल आपकी दिनचर्या क्या है?'

'कुछ ख़ास बदलाव नहीं। उसी तरह सुबह 6 बजे उठता हूँ, अख़बार पढ़ता हूँ। आठ-साढ़े आठ तक तैयार हो जाता हूँ। दिन भर कुछ न कुछ काम में लगा रहता हूँ, कभी पार्टी का, कभी संगठन का। कुछ सोशल एजुकेशन कॉरपोरेशन इंस्टीट्यूशनों से मेरा सम्बन्ध है। उनकी समस्याएँ सुनता हूँ। शाम को मैं फ्री रहता हूँ अपने परिवार के लिए।'

'आप अभी भी बहुत घंटे काम करते हैं!'

'हाँ 14-15 घंटे काम करता हूँ। चाहे दिल्ली में रहूँ या मुम्बई में। हफ़्ते में दो-तीन दिन दौरा करता हूँ। उसमें बड़ी ख़ुशी होती है। लोगों से मिलने का मौक़ा मिलता है। जो नीतियाँ एक समय में हमने लागू की थीं, आजकल उन पर कैसा अमल हो रहा है यह देखता हूँ। तीसरे, आम लोगों का जीवन कैसा है, किसान हो या मज़दूर यह जानने का अवसर मिलता है, उनके साथ बातचीत होती है, इसलिए इन दौरों से मुझे बहुत ख़ुशी मिलती है।'

'जब आप इतना बाहर रहते हैं तो घर की सारी ज़िम्मेदारी आपकी पत्नी प्रतिभा जी सँभालती होंगी।'

'मैं सगर्व यह कह सकता हूँ कि My wife is an exception. वे मेरा ही नहीं, मेरे लम्बे-चौड़े परिवार का पूरा ध्यान रखती हैं। उनकी कोई राजनीतिक ख़्वाहिश नहीं है। उनके पिता प्रसिद्ध क्रिकेटर थे लेकिन उनकी आर्थिक स्थिति अच्छी नहीं थी। प्रतिभा जी के पारिवारिक संस्कार बहुत अच्छे हैं। जब मेरी शादी

उनके साथ तय हुई तब मैंने उन्हें बताया कि नेता का जीवन कितना अनिश्चित होता है। मैं तभी एम.एल.ए. चुन कर आया था। तो मैंने कहा, 'देखो, मैं आम पति की तरह तुम्हारे साथ बहुत घूम फिर नहीं सकूँगा। दिन में 12 से 14 घंटे काम में व्यस्त रहूँगा और हफ़्ते में चार-पाँच दिन शहर से बाहर। तुमको इन बातों से परेशानी तो नहीं होगी।' उन्होंने कहा, 'मुझे विश्वास है कि मैं एक अच्छे और नेक आदमी से शादी करने जा रही हूँ।' मुझे तभी लगा कि यह लड़की बहुत सिम्पल है, इसकी कोई बड़ी शान-शौकत की ज़िन्दगी की इच्छा नहीं है। गहने-कपड़े में आज भी उनकी कोई ख़ास दिलचस्पी नहीं। हमारे घर का माहौल एकदम साधारण है।

'एक बात यह भी है कि मेरा परिवार बड़ा है। भाई, बहनें और इस परिवार में जो मेरे सीनियर बड़े भाई थे वे नहीं हैं। इसीलिए परिवार को एक साथ रखने की ज़िम्मेदारी प्रतिभा के ऊपर रही है। मेरी पत्नी सब सँभालती है। इन सबको, नयी पीढ़ी के बच्चों को, भाई भतीजों को, ग्रैंडसन को और पूरे परिवार को एक साथ रखने में इनकी भूमिका बहुत महत्त्वपूर्ण होती है। जब दीवाली आती है तो उनका आदेश (जो मेरी माँ का भी आदेश था) है कि सब भाई-बहन, सब लोगों को दीवाली में घर आना ही चाहिए—यह सिलसिला प्रतिभा ने रखा है। वो सब पर ध्यान देती हैं। मेरा यह परम सौभाग्य है कि उनकी ऐसी सोच से मुझे पब्लिक लाइफ में काम करने के लिए बहुत सहूलियत मिली।'

'मैंने कहीं पर पढ़ा था कि सुप्रिया के जन्म के बाद आपने अपनी नसबन्दी करवा ली। इस प्रकार आपने उस धारणा को ध्वस्त कर दिया जिसके अन्तर्गत यह माना जाता है कि परिवार में बेटे का जन्म आवश्यक होता है। क्या यह सच है?'

'यह सच है कि मैंने सुप्रिया के जन्म के बाद अपनी नसबन्दी करवायी, लेकिन यहाँ मैं यह भी जोड़ना चाहूँगा कि यह मेरा अकेले का निर्णय नहीं था, इसमें मेरी पत्नी प्रतिभा की भी मर्ज़ी थी। यह फ़ैसला हम दोनों ने काफ़ी सोचने-विचारने के बाद लिया था। देखिये, जिस तरह से हिन्दुस्तान की आबादी बढ़ रही है, और इसी समय चाइना जैसे देश में अपनी जैसी समस्या होने के बावजूद उन्होंने आबादी पर नियन्त्रण लाने के लिए कई कारगर उपाय किये, जिनमें पहला यह था कि एक ऐसा माहौल तैयार करना जिसमें बेटे और बेटियों को बराबर का दर्ज़ा दिया जाए। आख़िरकार यह बिना एक तरह के सोशल एक्सेप्टेंस के नहीं हो सकता। हमें भी अपने समाज, अपने देश में ऐसा माहौल बनाने की ज़रूरत है। लोगों का मन बदलना होगा। कई परिवारों में आज भी पुत्र रत्न की प्राप्ति की आकांक्षा बलवती है। परिवार में पहली लड़की हो तो लक्ष्मी इत्यादि कहकर

ठीक है, लेकिन एक-दो और लड़कियाँ हों तो स्थिति गड़बड़ा जाती है। आज भी परिवार को आगे ले जाने के लिए, वंश बढ़ाने के लिए, हमारा नाम चलना चाहिए इसके लिए, 'देहरी का दीया' कहिये या 'चौखट का चिराग़', तो वह लड़का ही है लड़की नहीं, ऐसा माना जाता है।

'जहाँ तक मेरी बात है तो हमारे घर में, शुरू से ही, यह बात साफ़ थी कि ये सब बेकार के चोंचले हैं, मिथ हैं। सामाजिक दृष्टिकोण के बदलाव के लिए हमको ख़ुद लोगों को राह दिखानी चाहिए।'

'सुप्रिया पर राजनीति में आने का कोई दबाव रहा क्या?'

'मेरी तरफ़ से बिल्कुल नहीं। मेरी पार्टी के साथियों ने उसे राजनीति में लाने पर ज़ोर डाला और वह मान गयी। सब बच्चे अपनी तरह से काम करते हैं। वह संसद के काम तो कर ही रही है, संसद के बाहर महिलाओं और युवाओं की समस्याओं को समझने की कोशिश में लगी रहती है। अभी भारत सरकार ने उसे संयुक्त राष्ट्र भेजने का निमन्त्रण दिया कि वहाँ वह भारत का प्रतिनिधित्व करे। वह इन सब बातों पर बड़ी लगन से मेहनत करती है।'

'अब आप अपने जीवन के 75 साल पूरे कर चुके हैं। अब आप पीछे मुड़ कर देखते हैं या आगे?'

'मुझे उम्र के पड़ाव गिनना पसन्द नहीं है। 75 का हो जाऊँ चाहे 80 का, मैं आज भी 14-15 घंटे काम करता हूँ। जनता के बीच जाता हूँ और बेशुमार लोगों से मिलता हूँ।'

'शरद जी, एक सवाल तो पूछना रह ही गया। दरअसल इसे सबसे पहले पूछना चाहता था। ख़ैर आख़िरी सवाल समझ लीजिए। वह यह कि आप राजनीति में आख़िर आये कैसे?'

'राजनीति छोड़िये, मैं जब स्कूल में पढ़ता था मेरी माँ बड़ी कड़क थीं। इस तरीके से ही करना सही है ऐसा सोचती थीं। स्कूल-कॉलेज में मेरा परफॉर्मेंस अच्छा नहीं था। फेल नहीं होता था, फर्स्ट भी नहीं आता था। मगर आगे-आगे जाता था मेरा ध्यान। स्कूल या कॉलेज की एक्टिविटीज जो थे, जैसे सोशल फेस्टिवल वो अच्छा लगता था, ड्रामा करना हो, खेलकूद ऑर्गेनाइज करना हो तो उसमें मेरा सारा ध्यान होता था। उसमें मुझे ख़ुशी मिलती थी और इसीलिए मेरा ज़्यादा समय क्लास रूम के बाहर बीतता था। आगे जब पूना पढ़ने गया तो वहाँ भी कॉलेज का जेनरल सेक्रेटरी बन गया।

'कौन से कॉलेज में थे आप?'

'कॉमर्स कॉलेज। तब महाराष्ट्र के कई ज़िलों में नये कॉलेज थे। पूना तब

शिक्षा का बड़ा केन्द्र था। हमने डिस्ट्रिक संगठन बनाया। कोई कोल्हापुर का विद्यार्थी मित्र मण्डल, कोई सतारा विद्यार्थी मण्डल, कोई अहमदनगर विद्यार्थी मण्डल। एक-एक संगठन पर ध्यान दिया। उन्हीं दिनों महाराष्ट्र स्टेट बना और यशवन्तराव चव्हाण पहले मुख्यमन्त्री बने। उनका जो टोटल एंगिल था खेलकूद, संगीत, साहित्य और कला के बारे में, वह मुझे बहुत अच्छा लगा। मैंने उनकी मीटिंगों में जाना शुरू कर दिया। उन्होंने एक दिन ऐसे ही सुझाव दिया, 'तुम क्यों नहीं काम करते, आजकल नौजवान लोग यूथ कांग्रेस में काम करते हैं।' मैं यूथ कांग्रेस में आ गया। जल्द ही चव्हाण साहब ने यूथ कांग्रेस की पूरी ज़िम्मेदारी मेरे ऊपर रख दी। जब वे मुम्बई में थे, मुम्बई यूथ कांग्रेस का काम भी मुझे सौंप दिया। बस वहाँ से मैंने स्टैप बाई स्टैप राजनीति में चलना शुरू कर दिया।'

❑❑